인성교육을 위한

사자성어 표현동화

인정이 · 황현택

공동체

Preface

머리말

어린이는 내일을 짊어질 주인공입니다. 이런 주인공들이 밝고 맑게 구김살 없이 자라나 자랑스러운 사람이 되는 큰 꿈을 키우는 것은 더없이 소중한 일입니다.

희망찬 내일을 열어가는 주인공들이 큰 꿈을 키워나가기를 바라는 간절한 소망을 담아 우리 선인들의 지혜와 진리가 가득 담긴 말씀으로 우리 어린이들에게 유익함을 안겨주고, 아울러 옛 것의 소중함을 일깨워 주고 날이 갈수록 더해져가는 마음의 황폐화를 막고 정서적 안정을 기하는데 그 목적이 있습니다.

본 책은 사자성어를 통해 좋은 인성과 지혜도 기르며 한문에 대한 긍정적인 동기유발이 되었으면 하는 바람에서 집필하게 되었습니다. 특별히 저자가 직접 사자성어 동화를 구연한 CD를 부록으로 첨가하였습니다. '사자성어(四字成語)' 란 오랜 세월에 걸쳐 일상생활에서 널리 쓰이는 한자어를 말합니다. 우리 선조들은 어떤 일에 부닥치면 적절한 성어를 사용하여 그 상황을 표현해내곤 하였습니다. 우리 실생활에서 자주 쓰이는 이런 사자성어(四字成語)는 상황을 간단명료하게 표현함으로써 정확히, 그리고 빨리 상대방을 이해시킬 수 있습니다.

사자성어는 조상들의 삶의 지혜뿐만 아니라 우리 민족의 정신적 가치관이 포함 되어 있어서 이를 배움으로써 올바른 인성형성과 감성지수를 높이는 정의적 발달에 큰 기여를 할 것입니다.

이 책에 수록된 사자성어 동화 속의 이야기를 통하여 그 뜻을 터득하고 즐거움을 찾으므로 언어 표현능력은 물론 창의력과 사고력까지 높일 수 있는 이점이 있습니다.

이 책수레에 싣고 가는 사자성어(四字成語)들이 어린이들에게 웃음보따리가 되며 표현동화가 어린이 인성교육에 소중한 자료이기를 간절히 소망합니다.

책이 나오기까지 힘이 되어 주신 우리 가족들에게 감사드리고, 사진촬영과 현장 적용을 위해 애써주신 동화구연가 김연숙 선생님과 오렌지동화나라유치원 모든 교사에게 고마움을 전하고 싶습니다. 또한 홍남초등학교 신지영 선생님과 공동체 김동근 이사님, 편집을 맡아주신 유선영 선생님께도 감사드립니다.

2009년 5월

저자 인정이 · 황현택 올림

Contents

차 례

〈유 · 초등 저학년 1단계〉

C o n t e n t s

차 례

〈초등 고학년 2단계〉

C o n t e n t s

Explanatory notes

일러두기

〈사자성어 선정기준〉

① 유 · 초등 어린이들이 동화를 통해 스스로 문제를 해결하고 실천할 수 있는 사자성어를 선정하였다.

② 건전하고 바람직한 인성교육 자료로 활용할 수 있도록 도덕교육과 참을성, 인내심, 협동심, 성실성, 책임감, 배려 등과 관련된 주제의 사자성어 동화를 난이도에 따라서 유 · 초등 저학년 1단계와 초등 고학년 2단계로 나누었다.

〈표현동화(表現童話)의 정의〉

표현동화란 생각이나 감정을 표정이나 몸짓(동작) · 표현언어(말하기, 쓰기) · 예술 등의 활동으로 흥미있게 나타내는 동화이다.

〈사자성어 표현동화 구성〉

1) 사자성어 표현동화의 구성

1 ~ 40번 : 유 · 초등 저학년 단계

41 ~ 80번 : 초등 고학년 단계

부록: 동화구연 CD 첨가

〈한자 쓰는 순서〉

① 위에서 아래로 쓴다. 예) 三, 言

② 왼쪽에서 오른쪽으로 쓴다.
예) 川, 修

③ 좌와 우가 대칭일 때 가운데를 먼저 쓴다.
예) 水, 小, 亦, 永

④ 가로와 세로 획이 겹칠 때 가로 획을 먼저 쓴다.

예) 十, 末, 井

⑤ 삐침과 파임이 겹칠 때 삐침을 먼저 쓴다.

예) 父, 交, 乂

⑥ 가운데를 꿰뚫는 글자는 가장 나중에 쓴다

예) 中, 申, 事, 車, 子, 女, 母

⑦ 둘러싼 자는 가장자리부터 쓴다.

예) 問, 聞, 同, 周

⑧ 맨 아래 가로 획은 맨 나중에 쓴다. 예) 土, 國, 書

⑨ 변은 먼저, 받침은 나중에 쓴다

예) 超(走 : 달아날 주 변), 趙, 建(廴: 민책받침 변), 道(辶: 책받침 변), 近

⑩ 오른쪽 위에 있는 점은 나중에 찍는다.

예) 犬, 代

유 · 초등 저학년 1단계

1. 이심전심(以心傳心)
2. 일장일단(一長一短)
3. 시시비비(是是非非)
4. 대기만성(大器晩成)
5. 부전자전(父傳子傳)
6. 이구동성(異口同聲)
7. 작심삼일(作心三日)
8. 금시초문(今始初聞)
9. 동문서답(東問西答)
10. 유종지미(有終之美)
11. 선견지명(先見之明)
12. 박장대소(拍掌大笑)
13. 십시일반(十匙一飯)
14. 막상막하(莫上莫下)
15. 안하무인(眼下無人)
16. 마이동풍(馬耳東風)
17. 역지사지(易地思之)
18. 우이독경(牛耳讀經)
19. 견원지간(犬猿之間)
20. 청산유수(靑山流水)
21. 자신만만(自信滿滿)
22. 상부상조(相扶相助)
23. 일심동체(一心同體)
24. 신신당부(申申當付)
25. 우유부단(優柔不斷)
26. 왈가왈부(曰可曰否)
27. 십중팔구(十中八九)
28. 의기양양(意氣揚揚)
29. 칠전팔기(七顚八起)
30. 배은망덕(背恩忘德)
31. 일석이조(一石二鳥)
32. 풍전등화(風前燈火)
33. 천생연분(天生緣分)
34. 일구이언(一口二言)
35. 비일비재(非一非再)
36. 어부지리(漁父之利)
37. 천만다행(千萬多幸)
38. 동고동락(同苦同樂)
39. 동분서주(東奔西走)
40. 좌지우지(左之右之)

01 이심전심(以心傳心)

以	心	傳	心
써 **이**	마음 **심**	전할 **전**	마음 **심**

마음과 마음으로 뜻을 전함. 서로 마음이 통함

옛날 어느 마을에 무엇이든지 뚝딱 만드는 거인 도깨비가 살고 있었어요.

어느 날 꼬마 도깨비들이 몰려왔지요.

"거인 도깨비님! 저희는 우산이 정말로 갖고 싶어요."

"마침 너희들에게 우산을 만들어 주려고 했는데 이심전심(以心傳心)이구나."

"거인 도깨비님! 우리 서로 마음이 통했다는 뜻이죠?"

"그래그래."

"거인 도깨비님! 저는 예쁜 우산을 만들어 주세요."

"좋아, 나에게 맡겨! 내가 예쁜 우산을 만들어 주지."

"거인 도깨비님! 저는 멋진 우산을 만들어 주세요."

"좋아, 나에게 맡겨! 내가 멋진 우산을 만들어 주지."

"거인 도깨비님! 저는 튼튼한 우산을 만들어 주세요."

"좋아, 나에게 맡겨! 내가 튼튼한 우산을 만들어 주지."

"거인 도깨비님! 고맙습니다."

꼬마 도깨비들은 이 세상에서 가장 행복한 도깨비들이 되었답니다.

유래

어느 날 세존(世尊)께서 영산에 제자들을 모아 놓고 설교를 했다. 그때 세존은 연꽃을 손에 들고 꽃을 비틀어 보였다. 다른 제자들은 그 뜻을 알 수 없어 잠자코 있는데 가섭존자만이 그 뜻을 깨닫고 활짝 미소를 지었다.

그러자 세존께서 "나는 정법안장(사람이 본래 갖추고 있는 마음의 덕), 열반묘심(번뇌에서 벗어나 진리를 깨닫는 마음), 실상무상(불변의 진리, 만유의 진리), 미묘법문(진리를 깨치는 마음)과 불립문자와 교외별전[다같이 경전이나 언어 등에 의하지 않고 이심전심으로 전한다는 뜻]이 있다. 나는 이것을 가섭존자에게 부탁한다."

〈동극〉 이심전심(以心傳心)

해설 : 옛날 어느 마을에 무엇이든지 뚝딱 만드는 거인 도깨비가 살고 있었어요. 어느 날 꼬마 도깨비들이 몰려왔지요.

빨간 도깨비 : 거인 도깨비님! 저희는 우산이 정말로 갖고 싶어요.

거인 도깨비 : (자상하게 웃으면서) 마침 너희들에게 우산을 만들어 주려고 했는데 이심전심(以心傳心)이구나.

노란 도깨비 : 거인 도깨비님! 우리 서로 마음이 통했다는 뜻이죠?

거인 도깨비 : (웃으며) 그래그래.

빨간 도깨비 : (공손하게) 거인 도깨비님! 저는 예쁜 우산을 만들어 주세요.

거인 도깨비 : 좋아, 나에게 맡겨! 내가 예쁜 우산을 만들어 주지.

노란 도깨비 : (공손하게) 거인 도깨비님! 저는 멋진 우산을 만들어 주세요.

거인 도깨비 : 좋아, 나에게 맡겨! 내가 멋진 우산을 만들어 주지.

파란 도깨비 : (공손하게) 거인 도깨비님! 저는 튼튼한 우산을 만들어 주세요.

거인 도깨비 : 좋아, 나에게 맡겨! 내가 튼튼한 우산을 만들어 주지.

빨간 도깨비 · 노란 도깨비 · 파란 도깨비 : 거인 도깨비님! 고맙습니다.

해설 : 그때 갑자기 주룩주룩 비가 왔어요.

거인 도깨비 : (급하게) 얘들아, 비가 온다. 빨리 우산을 펴.

해설 : 꼬마 도깨비들은 예쁜 우산, 멋진 우산, 튼튼한 우산을 받고 찰방찰방 걸어갔답니다.

확장활동

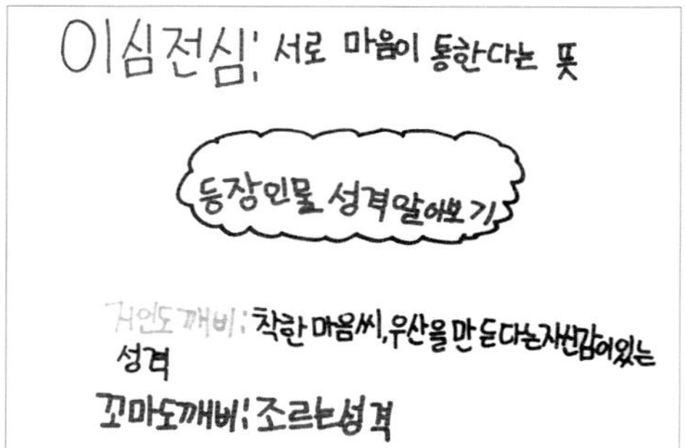

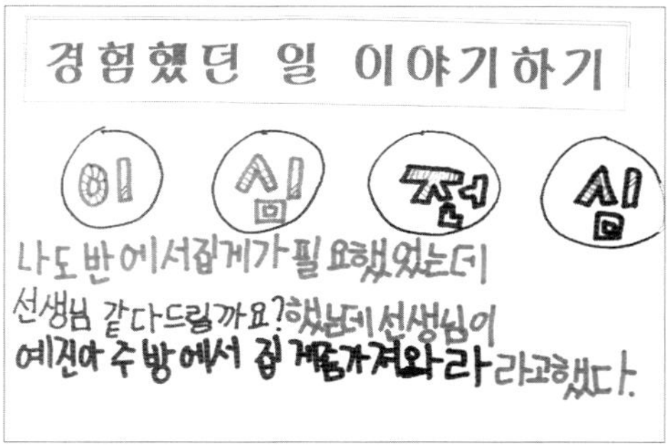

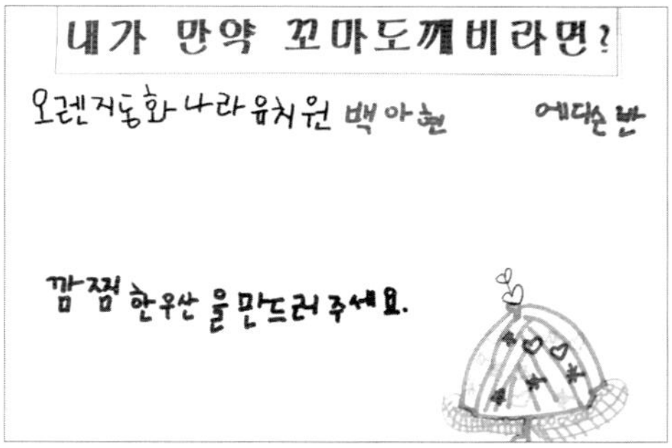

해설 : 깜찍한 우산을 만들어 주세요.

한자쓰기

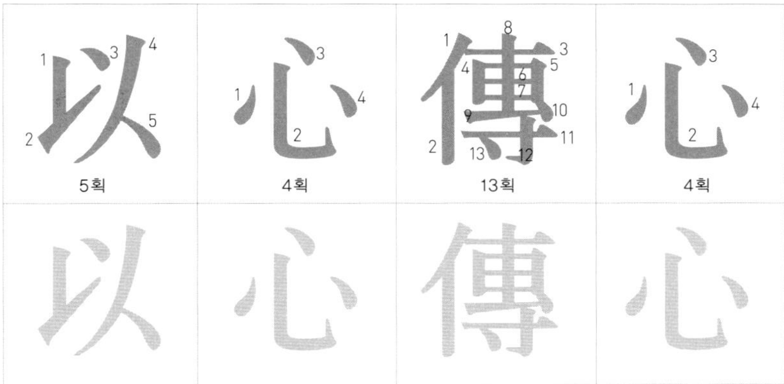

02 일장일단(一長一短)

一	長	一	短
한 **일**	길 **장**	한 **일**	짧을 **단**

어느 사람이나 좋은점과 나쁜점이 있음

어느 날 아기 기린 점박이와 아기 코끼리 코보가 만났어요.

코끼리가 먼저 말했지요.

"점박아, 나는 코가 너무 길어서 걱정이야. 무거운 코 때문에 걷기가 힘들어."

"그렇구나, 나도 목이 길어서 걱정이야. 목이 짧으면 예쁠 텐데."

옆에 있던 하마 아주머니가 말씀하셨어요.

"얘들아, 누구에게나 일장일단(一長一短)이 있단다."

"예? 일장일단(一長一短)이라니요?"

"한 가지 장점도 있고 한 가지 단점도 있다는 뜻이야. 코보야! 코가 길어서 불편할 때도 있지만, 열매를 따 먹을 때는 코가 길어서 얼마나 좋으니?"

"점박이도 높은 곳을 볼 수 있기 때문에 적이 오면 빨리 도망갈 수도 있잖아."

"생각해보니 그러네요."

코보와 점박이는 고개를 끄덕였어요.

"어, 정말 목이 길어서 좋은점도 있고 나쁜점도 있네요. 하마 아주머니! 고맙습니다."

코보와 점박이는 기분이 좋아졌답니다.

유래

오렌지 나무 열매는 달고 맛있답니다. 그리고 잎과 껍질은 약품으로도 씁니다. 그렇지만 탱자가시처럼 가시가 돋아나 잘못하다가는 다칠 수도 있지요. 이것을 네덜란드 사람들이 일장일단(一長一短)이라고 붙여주었다.

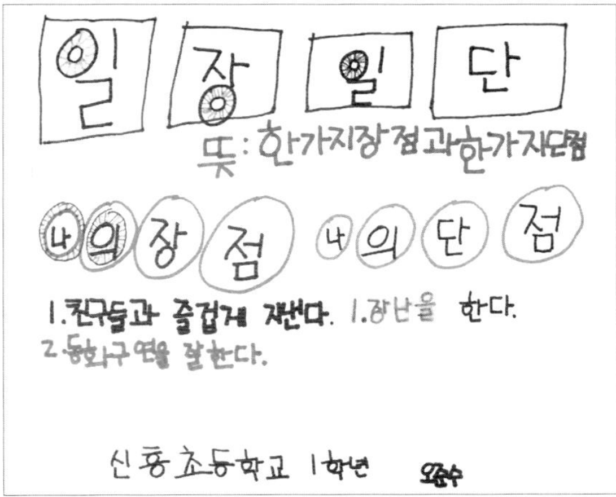

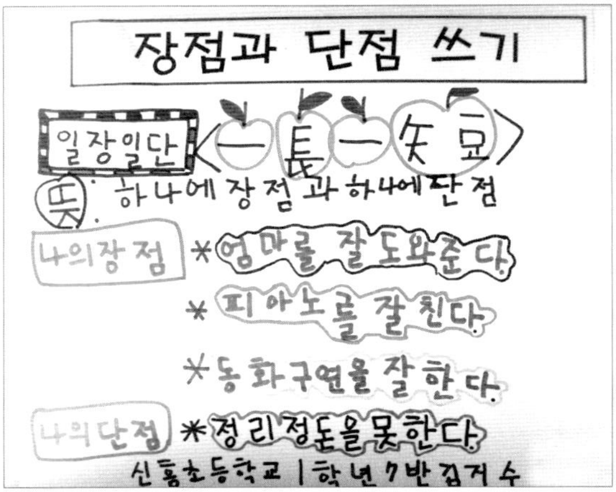

한자쓰기

一	長	一	短
1획	8획	1획	12획
一	長	一	短

03 시시비비(是是非非)

是	是	非	非
옳을 시	옳을 시	아닐 비	아닐 비

여러 가지의 옳고 그름을 공정하게 판단함

옛날, 어느 맑은 개울가에 멸치 투덜이와 망둥어 털털이가 살았어요.

둘이는 만나기만 하면 싸웠지요.

어느 날 멸치 투덜이와 망둥어 털털이가 또 싸우고 있었어요.

"왜 싸우니? 싸우면 안 돼요."

문어 아줌마가 싸움을 말렸어요.

"투덜이 때문이에요."

"아니에요. 털털이 때문이에요."

"네가 먼저 때렸잖아."

"아니야, 네가 먼저 때렸잖아!"

"흥!"

"피!"

"문어 아줌마! 시시비비(是是非非)를 가려주세요."

투덜이와 털털이가 말했어요.

"시시비비, 옳고 그름을 판단해 달라고? 내가 생각할 때는 똑같은 것 같은데"

투덜이와 털털이는 힐끔힐끔 쳐다보더니 빙그레 웃었답니다.

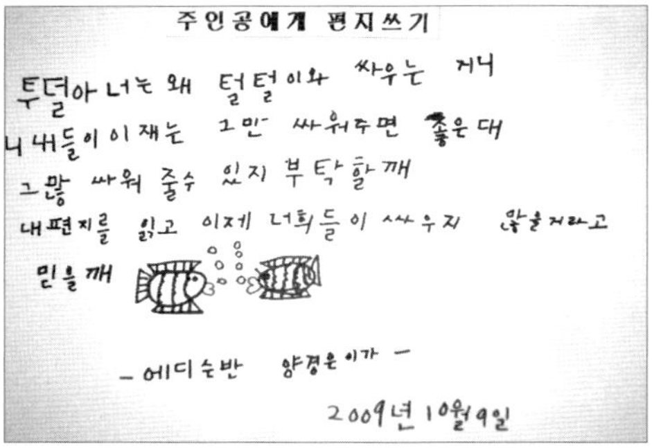

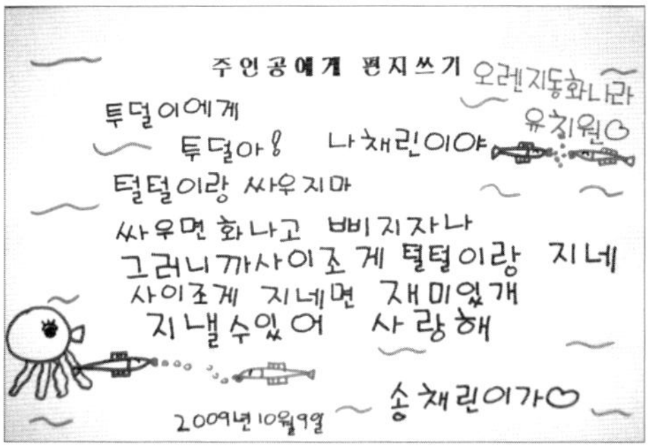

유래

고시례(高矢禮)와 염제신농(炎帝神農)은 우리 고유의 신으로 받아들어야 한다. 고시례는 불을 발견한 신이고 신농은 농사의 신이다. 그런데 대부분의 인간들은 시시비비(是是非非)를 가리지 않고 중국에서 들어온 신들을 숭상하는 경우가 많다는 데서 유래가 되었다.

한자쓰기

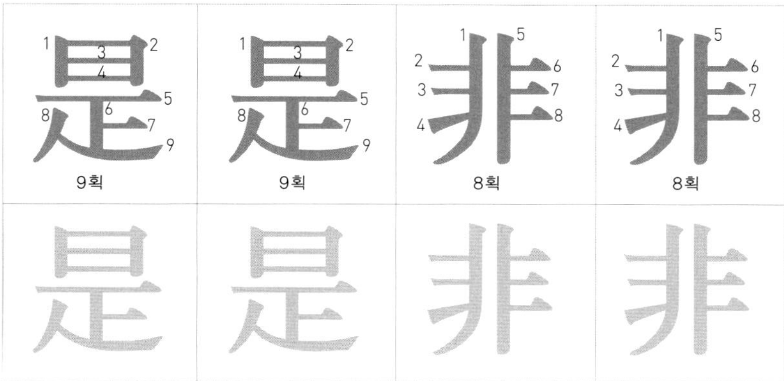

04 대기만성(大器晩成)

大	器	晩	成
큰 대	그릇 기	늦을 만	이룰 성

크게 될 사람은 늦게 성공함

아기 야옹이 호퍼가 진달래 꽃밭에 앉아 있었어요.

"호퍼야, 넌 이다음에 커서 뭐가 되고 싶니?"

지나가던 구름 할아버지가 물었어요.

"음……. 저는요. 화가가 되고 싶어요."

"넌 참 멋진 꿈을 가졌구나. 꼭 꿈을 이루거라."

구름 할아버지가 웃으며 지나갔어요.

"호퍼야, 넌 이다음에 커서 뭐가 되고 싶니?"

햇님 아주머니도 물었어요.

"음……. 저는요, 화가가 되고 싶어요."

"넌 참 멋진 꿈을 가졌구나. 꼭 꿈을 이루거라."

"제가 햇님 아주머니도 멋지게 그려 드릴게요."

"그래그래, 고맙구나."

그때 바람 아저씨가 입을 삐죽거리며 나타났어요.

"흥, 어림도 없어, 넌 그림도 못 그리잖아."

"음……. 지금은 부족하지만 노력하면 누구든지 꿈을 이룰 수 있어요. 큰 그릇은 늦게 이루어진다는 대기만성(大器晩成)이란 말을 모르세요?"

"뭐야? 노력하면 된다고? 그리고 대기만성(大器晩成)이라고?"

바람 아저씨는 창피해서 멀리 도망갔답니다.

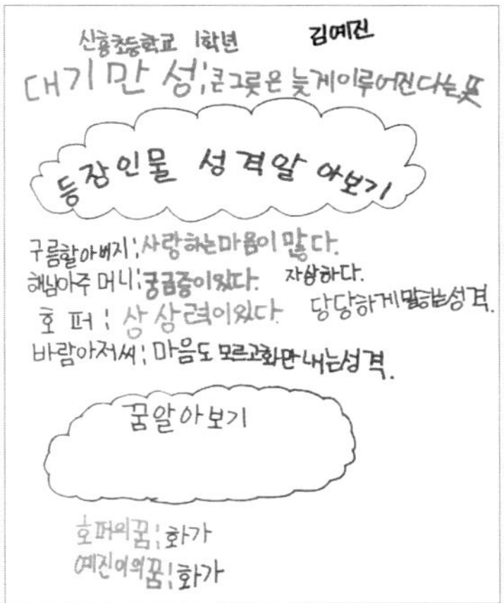

유래

삼국시대, 위(魏)나라에 최염(崔琰) 장군은 최림이라는 사촌동생이 있었는데 외모가 시원치 않아서인지 출세를 못 하고 일가친척들로부터도 멸시를 당했다. 하지만 최염은 최림의 인물됨을 꿰뚫어 보고 "큰 종(鍾)이나 솥은 그렇게 쉽사리 만들어지는 게 아닌 것과 마찬가지로 큰 인물도 대성하기까지는 오랜 시간이 걸리지"라고 말했다.

한자쓰기

大 3획	器 16획	晚 11획	成 6획
大	器	晚	成

05 부전자전(父傳子傳)

父	傳	子	傳
아비 **부**	전할 **전**	아들 **자**	전할 **전**

대대로 아버지가 아들에게 전함

언덕 위에 솔바람이 솔솔 불고 있었어요.

"하하하하, 우습다."

풍뎅이와 여치는 아기 잠자리를 보더니 마구 웃었어요.

"얘들아, 나 보고 웃니?"

"그래 맞아, 넌 왜 그렇게 눈이 툭 튀어나왔니?"

잠자리는 창피해서 몸을 숨겼지요.

어느 날 아기 잠자리가 속상해서 훌쩍거리고 있었어요.

"아기 잠자리야! 무슨 속상한 일이 있니?"

"아빠! 친구들이 아빠를 닮아서 눈이 크고 툭 튀어 나왔다고 놀리면서 부전자전(父傳子傳)이래요."

"아들이 아버지를 많이 닮는다는 뜻이지."

"아가야! 우리들이 먹이를 잘 찾고 무서운 적을 보면 빨리 도망치기 위해서란다."

아기 잠자리는 그때서야 고개를 끄덕였어요.

"아빠도 어렸을 때 속상해서 많이 울고 컸단다."

"그럼 우는 것도 부전자전(父傳子傳)이네요."

아빠 잠자리는 아기 잠자리를 꼬옥 껴안아 주었답니다.

유래

삼국사기 김유신 편을 보면 김유신 장군의 아버지 김무력 장군이 왕의 딸과 연애하여 김유신 장군을 잉태한 것과 김유신 장군 역시 궁중 천관녀를 끌어내어 연애한 것은 부전자전(父傳子傳)이라고 말 한 데서 유래되었다.

한자쓰기

父	傳	子	傳
4획	13획	3획	13획
父	傳	子	傳

06 이구동성(異口同聲)

異	口	同	聲
다를 이	입 구	한가지 동	소리 성

여러 사람의 말이 한결같음

화창한 어느 날, 숲 속 동물 친구들이 도란도란 이야기를 나누고 있었어요.

"얘들아! 우리 반장을 뽑자."

꿀순이가 말하자 다람이가 말했어요.

"좋아. 그런데 반장을 어떻게 뽑지?"

"우리 중에서 가장 큰 똥을 싸는 사람이 반장하기로 하자."

"좋아, 좋아."

동물들은 모두 박수를 쳤어요.

원숭이가 말했지요.

"우리 숲 속에서 누구 똥이 가장 클까?"

"난, 코순이라고 생각해. 코순이가 최고야."

"맞아, 나도 그래."

"맞아, 나도 그래."

꿀순이, 다람이, 오리가 말했어요.

그때 코순이가 어그적어그적 걸어왔어요.

"코순아! 넌 대단해!"

"뭐가 대단한데?"

"모두들 이구동성(異口同聲)으로 네 똥이 최고래."

원숭이가 말했어요.

"이구동성(異口同聲)? 여러 친구의 말이 한결같다는 거지?"

"그래그래."

"고마워."

숲 속 동물 친구들은 빙그레 웃었답니다.

유래

불교에서 한 고승은 도덕과 계율을 참으로 지킨다 함은 지키는 것보다 저절로 되어야 한다는 설을 하니 중생들은 이구동성(異口同聲)으로 "지당하신 말씀입니다"라고 대답했다는 데서 유래되었다.

한자쓰기

異	口	同	聲
11획	3획	6획	17획
異	口	同	聲

07 작심삼일(作心三日)

作	心	三	日
지을 **작**	마음 **심**	석 **삼**	날 **일**

한번 먹은 마음이 오래가지 않음

동생 다람이는 요즘 살이 쪄서 걱정을 했어요.

"형, 내가 요즘 살이 쪄서 걱정이야. 좋은 방법이 없을까?"

"음, 살을 빼는 방법은 운동이 가장 좋다구."

"운동? 좋아, 듣고 보니 그러네. 내일부터 운동을 시작해야겠어."

다음 날 아침부터 다람이는 바쁘게 움직이네요.

"다람아! 뭐하니?"

"아빠! 운동을 해야겠어요. 하나, 둘, 하나, 둘…"

"어휴! 힘들어."

다람이는 운동하는 것을 포기했어요.

"아빠, 피아노를 열심히 칠게요. 딩동 딩동 댕, 딩동 딩동 댕"

"어휴! 힘들어."

다람이는 피아노 치는 것도 포기했어요.

"다람아! 작심삼일(作心三日)이구나."

엄마와 아빠는 걱정을 했어요.

"작-심-삼-일(作心三日)요?"

"한번 먹은 마음이 오래 못 간다는 뜻이야, 어떤 일이든지 참고 이기는 것은 아주 중요하단다."

엄마가 말씀하셨어요.

"엄마! 아빠! 죄송해요. 앞으로는 끝까지 열심히 할게요."

엄마는 다람이를 꼬--옥 안아주었답니다.

유래

조선 인조 임금 때 유몽인의 어우야담에 '조선공사삼일'에 비롯된 성어이다. 인조 임금님이 갖다 주라는 편지를 왜 사흘이나 늦게 발송했냐고 묻자 편지 내용을 고칠 것을 예상하고 늦게 발송했다는데서 유래되었다.

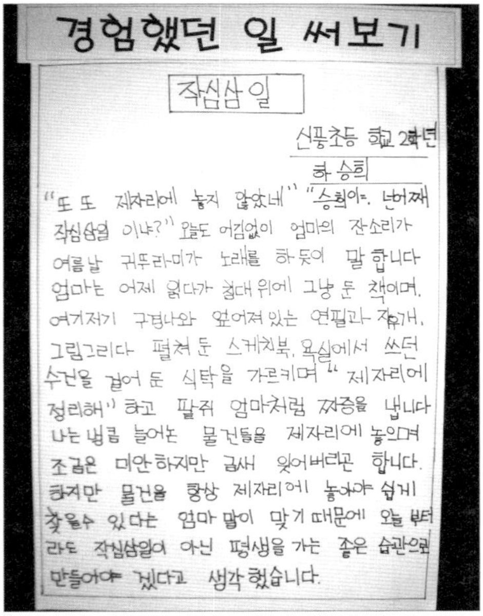

경험했던 일 써보기

작심삼일

신풍초등 학교 2학년

하 승희

"또 또 제자리에 놓지 않았네" "승희야. 넌어째 작심삼일 이냐?" 오늘도 어김없이 엄마의 잔소리가 여름날 귀뚜라미가 노래를 하 듯이 말 합니다 엄마는 어제 읽다가 침대 위에 그냥 둔 책이며, 여기저기 구르나와 엎어져 있는 연필과 지우개, 그림그리다 펼쳐 둔 스케치북, 욕실에서 쓰던 수건을 걸어 둔 식탁을 가르키며 "제자리에 정리해" 하고 딸쥐 엄마처럼 짜증을 냅니다 나는 냉큼 늘어논 물건들을 제자리에 놓으며 조금은 미안하지만 금새 잊어버리곤 합니다. 하지만 물건을 항상 제자리에 놓아야 쉽게 찾을수 있다는 엄마 말이 맞기 때문에 오늘 부터라도 작심삼일이 아닌 평생을 가는 좋은 습관으로 만들어야 겠다고 생각 했습니다.

한자쓰기

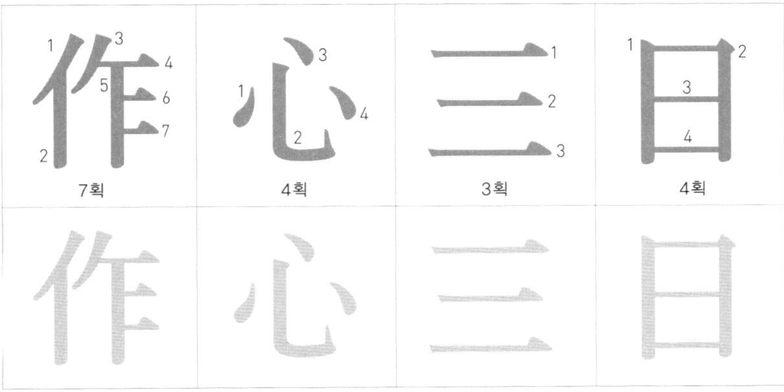

08 금시초문(今始初聞)

今	始	初	聞
이제 **금**	처음 **시**	처음 **초**	들을 **문**

이제야 비로소 처음 듣는다는 뜻

옛날 옛날, 아기 별님과 번개 도깨비가 살고 있었어요.

어느 날 아기 별님이 번개 도깨비에게 부탁했어요.

"번개 도깨비님! 오늘 밤에 무지개 마을에서 축제가 열린대요. 노래도 부르고 신나게 춤도 추는데 가보고 싶어요."

"정말? 축제가 열린다는 이야기는 금시초문(今始初聞)인 걸."

"번개 도깨비님! 우리도 축제에 가기로 해요."

"아기 별님아! 나를 꼭 붙잡아라. 함께 가보자."

"야-호!"

아기 별님은 번개 도깨비를 꼭 붙잡았어요.

"휘-익"

"번개 도깨비님! 잠깐만요. 어딜 그렇게 바쁘게 가세요?"

아기 구름이 말했어요.

"아기 구름이구나. 오늘 밤에 무지개 마을에서 축제가 열린다는구나."

"정말요? 축제가 열린다는 이야기는 금시초문(今始初聞)이에요."

"나도 방금 처음 들었단다."

"저도 가보고 싶어요."

"그래, 아기 구름아! 나를 꼭 붙잡아. 함께 가보자."

"야-호!"

아기 별님과 아기 구름은 번개 도깨비를 꼭 붙잡았어요.

"휘-익!"

번개 도깨비님은 환하게 웃어주었답니다.

유래

중국 삼국지에서 유비가 원소를 속이려고 관우가 온 것을 알았지만 금시초문(今始初聞)이라 말한 데서 유래되었다.

독후화

익산초등학교 1학년 박세형

한자쓰기

今	始	初	聞
4획	8획	7획	14획
今	始	初	聞

09 동문서답(東問西答)

東	問	西	答
동녘 **동**	물을 **문**	서녘 **서**	대답할 **답**

물음과 달리 아주 엉뚱한 대답

오늘은 숲 속 동물 유치원에서 착한 일에 대해 발표하는 날이에요.

기린 선생님이 말씀하셨어요.

"오늘은 너희들이 실천한 착한 일에 대해 말해보기로 해요."

쥐동이가 먼저 말했어요.

"저는 동생을 잘 데리고 놀았어요."

"참 잘했어요. 이번에는 토끼가 말해 볼까요?"

"저는 엄마 심부름을 했어요."

"참 잘했어요."

이번에는 여우가 말했어요.

"저는 정리정돈을 잘했어요."

"참 잘했어요. 우리 친구들은 착한 일을 많이 했군요. 이번에는 꿀꿀이가 말해볼까요?"

"꿀꿀! 어~ 맞다. 저는 호빵을 100개나 먹었어요."

"꿀꿀아, 그것은 동문서답(東問西答)이야."

쥐동이가 말했어요.

"뭐? 내가 엉뚱한 대답을 했다고? 엥"

친구들은 꿀꿀이의 행동에 하하 호호 웃었답니다.

유래

서당에서 훈장(선생)님이 천자문을 가르치고 주의 집중하지 않는 제자에게 하늘 천의 뜻이 무엇인가? 하고 물으니 "예, 땅입니다" 라며 전혀 다른 대답을 하였다는 데서 구전되었다.

한자쓰기

東	問	西	答
8획	11획	6획	12획
東	問	西	答

10 유종지미(有終之美)

有	終	之	美
있을 **유**	마칠 **종**	갈 **지**	아름다울 **미**

시작한 일을 끝까지 잘하여 결과가 좋음을 뜻함

엄마거미와 아기거미가 나뭇가지에서 살금살금 줄을 타고 있었어요.

'우리도 이제는 튼튼한 집이 필요해.'

엄마거미는 열심히 집을 짓기로 마음먹었어요.

"엄마, 저도 집짓는 방법을 가르쳐 주세요."

"얘야, 너는 아직 어려서 안 된단다."

"아니에요. 저도 이제는 다 컸으니까 엄마를 돕고 싶어요."

"그럼, 아기거미야, 꽁무니에서 줄을 뽑아서 빙글빙글 돌리며 집을 만들어 보렴."

"예, 엄마! 정말로 그물집이 점점 커지네요."

"하지만 좀 힘들 텐데……. 유종지미(有終之美)를 거둘 수 있겠니?"

"엄마! 한번 시작한 일은 끝까지 마무리한다는 뜻이죠?"

"그래그래. 기특하구나."

아기거미는 최선을 다하며 집을 지어나갔어요.

"엄마, 그런데 끈적거려요."

"참, 아가야! 한 가지 비밀이 있단다."

"뭔데요?"

"꼭 세로줄로만 다녀야 해."

"왜요?"

"가로줄은 끈적거려서 불편하지만 세로줄은 매끈매끈해서 그렇단다."

"예, 엄마! 잘 알겠어요."

아기거미는 유종지미를 잘 거둘 수 있었답니다.

유래

한번 시작한 일은 끝까지 잘 매듭짓는다는 뜻으로 처지를 바꾸어 송고영신(送故迎新)에서 나온 말로 관가에서 구관을 보내고 신관을 맞이했던 데서 유래되었다.

한자쓰기

有	終	之	美
6획	11획	3획	9획
有	終	之	美

11 선견지명(先見之明)

先	見	之	明
먼저 **선**	볼 **견**	갈 **지**	밝을 **명**

앞으로 일어날 일을 미리 짐작하는 지혜

갑자기 비가 오기 시작했어요.

"어? 비가 오네. 주룩주룩 오는 걸."

개미는 이곳저곳을 살펴보았어요.

그때 달팽이가 노란 우산을 받고 지나갔지요.

"달팽아, 나도 노란 우산을 함께 받을 수 있니?"

"응! 물론이지. 함께 가자."

"고마워, 달팽아! 그런데 비가 올 줄 어떻게 알았니?"

"선견지명(先見之明)이라구."

"앞으로 일어날 일을 미리 짐작하다니 대단한 걸!"

개미와 달팽이는 우산을 함께 받은 후 더욱더 친해졌답니다.

유래

멀리 예측한다는 뜻으로 한 스님이 농부와 비가 온다 안온다를 가지고 내기를 했는데 "비온다는 스님이 예측한 것은 선견지명이오" 한 것에서 유래되었다.

한자쓰기

先	見	之	明
6획	7획	3획	8획
先	見	之	明

12 박장대소(拍掌大笑)

拍	掌	大	笑
손뼉칠 **박**	손바닥 **장**	큰 **대**	웃을 **소**

손뼉을 치며 크게 웃음

바닷가 모래 위에 꽃게들이 살고 있었어요.

어느 날 엄마 게가 아기 게에게 말했지요.

"아가야, 어째서 옆으로만 걷니? 앞을 보고 똑바로 걸어야지."

"예, 엄마! 어, 그런데 잘 안 돼요."

"자, 엄마처럼 똑바로 걸어보렴. 하나, 둘, 하나, 둘"

"하하하. 엄마! 엄마도 옆으로만 걷는 걸요."

"그럴 리가 있니? 웃지만 말고 자세히 보렴. 하나, 둘, 하나, 둘"

"하하하……. 엄마! 정말로 옆으로 가는 걸요."

그 모습을 지켜보던 바닷가 친구들은 <u>**박장대소**(拍掌大笑)</u>를 했답니다.

유래

조선시대 박수의 유래 - 궁궐의 포옹하는 동작만으로도 박수의 유래가 되었다.

한자쓰기

拍	掌	大	笑
8획	12획	3획	10획
拍	掌	大	笑

13 십시일반(十匙一飯)

十	匙	一	飯
열 십	수저 시	한 일	밥 반

밥 열 술이 한 그릇이 됨

함박눈이 펑펑 내리는 추운 겨울이 왔어요.

엄마 참새가 아파서 아기 참새는 오늘 아침밥도 못 먹고 유치원에 갔어요.

"콜록 콜록"

"아기 참새야, 너무 춥지? 자, 이거 둘러."

비둘기 선생님이 목도리를 둘러주셨어요.

"아기 참새야, 너무 춥지? 이 장갑 끼워."

종달새 언니도 장갑을 끼워주었어요.

"참새야, 배고프지? 나랑 도시락을 나누어 먹자."

친구 앵무새와 함께 도시락을 나누어 먹었어요.

이 모습을 본 부엉이 원장선생님이 말씀하셨어요.

"십시일반(十匙一飯)이군요. 여러 사람이 조금씩 힘을 합하면 한 사람을 돕기 쉽다는 말이죠."

"십시일반(十匙一飯)? 참 좋은 말이네요."

모두들 빙그레 웃었지요.

아기 참새를 도와주는 사랑이 넘치는 오렌지유치원이랍니다.

유래

어느 부잣집에서 모내기를 하면서 점심 때가 되어 식사를 하는데 길손이 지나가게 되었다. 배가 고픈 길손이 밥 한 술 얻자 하니 일꾼들이 한 술씩 준 것이 한 그릇이 되었다는 데서 나온 사자성어로 여러 사람이 조금씩 힘을 합하면 한 사람을 돕기 쉬움을 이르는 말이다.

한자쓰기

十	匙	一	飯
2획	11획	1획	13획
十	匙	一	飯

14 막상막하(莫上莫下)

莫	上	莫	下
없을 **막**	위 **상**	없을 **막**	아래 **하**

더 낫고 더 못함의 차이가 없음. 비슷함

평화로운 숲 속에 떠돌이 사자가 나타났어요.

"나는 동물의 왕이다. 덤빌 테면 덤벼라!"

토끼, 사슴, 쥐동이는 벌벌 떨었어요.

"사슴아, 정말 무서워."

"얘들아, 우리 어떻게 하니?"

"잠깐, 나에게 좋은 생각이 있어."

쥐동이는 한 가지 꾀를 생각해 냈어요.

"사, 사자님! 건너 마을에 아주 못된 사자가 있는데요, 사자님과 힘이 막상막하(莫上

莫下)라고 떠들고 다닌데요."

"뭐? 나랑 힘이 비슷하다고? 당장 만나서 혼내줘야겠다."

쥐동이는 사자를 우물이 있는 곳으로 데려갔어요.

우물 속에는 커다란 사자 한 마리가 으르렁거리고 있었어요.

"우물 속에 보이는 저 놈 말이냐?"

"네. 맞습니다."

"아주 심술궂고 못되게 생겼구나. 어디 한번 덤벼봐라!"

어리석은 사자는 우물 안으로 풍덩 뛰어들었답니다.

유래

우열을 가리기 힘들다는 뜻으로 옛날 한 농부가 두 아들을 두었는데 힘이 엇비슷하여 씨름을 하면 이기고 지는 법이 없이 항상 백중지간, 막상막하라고 하는데서 유래되었다.

한자쓰기

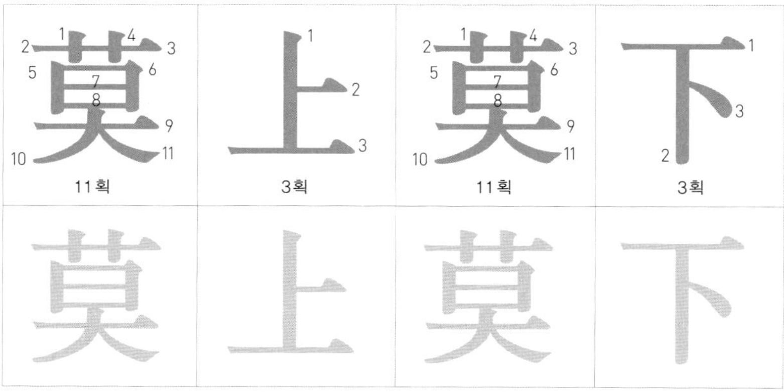

15 안하무인(眼下無人)

眼	下	無	人
눈 안	아래 하	없을 무	사람 인

사람됨이 교만하여 남을 함부로 생각함

옛날 어느 숲 속에 장난꾸러기 원숭이가 살고 있었어요.

"아휴 심심해, 뭐 재미있는 일이 없을까?"

그때 하마 아줌마가 뒤뚱거리며 걸어 왔어요.

"히히, 하마 아줌마! 어디 가세요?"

"원숭이구나, 시장에 간단다."

"그런데 하마 아줌마는 왜 그렇게 입이 크고 엉덩이가 뚱뚱하세요?"

"이 녀석, 장난꾸러기구나."

하마 아줌마는 기분이 상했어요.

장난꾸러기 원숭이는 강가로 왔어요.

"히히, 뱀 할머니! 어디 가세요?"

"원숭이구나! 이웃마을 잔치에 간단다."

"그런데 할머니는 다리도 없고 왜 그렇게 징그러워요?"

"이 녀석, 장난꾸러기구나."

뱀 할머니도 속상해서 가버렸어요.

잠시 후 원숭이는 악어 아저씨를 만났어요.

"히히, 그런데 악어 아저씨는 무슨 생각하세요?"

"바로 너 같은 안하무인(眼下無人)을 혼내줄 생각한다. 이놈!"

하면서 원숭이 엉덩이를 때려주었어요.

"아야아야, 버릇없이 행동한 것 잘못했어요."

그때부터 장난꾸러기 원숭이는 엉덩이가 빨개졌답니다.

유래

명나라 능몽초가 지은 '초각박안경기'에 '目中無人'이라고 쓰인 것에서 유래되었다. 엄씨 성을 가진 한쌍 부부가 만년에 아들 하나를 두었는데 그 아들이 위, 아래를 알아보지 못한다고 한 데서 유래되었다.

한자쓰기

眼	下	無	人
11획	3획	12획	2획
眼	下	無	人

16 마이동풍(馬耳東風)

馬	耳	東	風
말 마	귀 이	동녘 동	바람 풍

남의 말을 귀담아 듣지 않고 지나쳐 흘려버림

원숭이 형제가 숲 속 놀이터에서 신나게 놀고 있었어요.

"쉬~잉, 재미있다. 형! 일어서서 미끄럼틀 탈 수 있어?"

"응, 나는 용감해서 탈 수 있어, 자! 보라고, 쉬~잉"

"형! 나도 태워줘."

"좋아, 준비"

"얘들아, 위험해. 휴~ 큰일 날 뻔 했구나!"

염소 할머니가 깜짝 놀라서 달려왔어요.

"조심해야지! 위험하게 놀면 안 된단다."

“염소 할머니! 걱정 마세요. 거꾸로도 탈 수 있어요. 야~호”

그러다 그만 “뚝” 떨어졌어요.

“아~앙, 엉덩이가 아파요.”

“이 녀석들! ‘마이동풍(馬耳東風)’ 이구나. 남의 말을 귀담아 듣지 않는다더니, 바로 너희들을 두고 한 말이구나.”

원숭이 형제는 울상만 짓고 말았답니다.

유래

이백(李白)이 ‘답왕십이한야독작유회(答王十二寒夜獨酌有懷)’ 라는 시에서 ‘세상 사람들은 우리가 지은 시부(詩賦)를 들어도 고개를 가로저으며 들으려 하지 않음이 마치 봄바람이 말의 귀에 부는 것과 같다’ 고 한 데에서 유래되었다.

한자쓰기

馬	耳	東	風
10획	6획	8획	9획
馬	耳	東	風

17 역지사지(易地思之)

易	地	思	之
바꿀 **역**	땅 **지**	생각할 **사**	갈 **지**

입장을 바꿔 놓고 생각함

씽씽이와 쌩쌩이는 쌍둥이 형제예요.

씽씽이는 착한 일을 했다고 선생님께서 곰돌이 인형을 선물로 주셨어요.

"씽씽아, 곰돌이 인형 좀 보여 줘. 응?"

쌩쌩이가 말하자 씽씽이가 대답했어요.

"싫어!"

"조금만 보여줘라."

"싫다니깐!"

쌩쌩이가 졸라도 씽씽이는 싫다고 퉁명스럽게 했어요.

그 모습을 본 엄마가 말씀하셨지요.

"씽씽아! 역지사지(易地思之)라고 입장을 바꾸어 놓고 생각해 보렴. 쌩쌩이가 얼마나 속상하겠니?"

엄마 말씀에 갑자기 씽씽이는 부끄러웠어요.

"쌩쌩아, 미안해. 우리 함께 놀자."

엄마는 빙그레 웃었답니다.

유래

중국 성인 하후와 후직의 사람 됨됨이를 맹자가 칭찬하는 말에서 유래되었다. 맹자가 말씀하길 "하후와 후직은 처지를 바꾸어도 모두 그렇게 하였을 것이다. 입장을 바꾸어 다른 사람의 처지에서 헤아려 보라"는 말에서 유래되었다.

한자쓰기

18 우이독경(牛耳讀經)

牛	耳	讀	經
소 우	귀 이	읽을 독	조리 경

아무리 일러주어도 알아듣지 못함

떼쓰기를 잘하는 맹꽁이는 다섯 살이에요.

"아~앙앙! 엄마, 장난감 사줘."

맹꽁이는 장난감 가게 앞에서 울면서 졸라댔어요.

"맹꽁아, 칭찬스티커 10개를 모으면 장난감 사주기로 약속했잖니?"

"싫어, 지금 사고 싶단 말이야."

"맹꽁이도 이젠 벌써 다섯 살이야. 울지 말고 다음에 사자구나."

"몰라, 잉~잉"

"그럼 엄마도 어쩔 수 없지. 아무리 일러주어도 알아듣지 못하니 우이독경(牛耳讀經)

이구나. 나도 모르겠다."

엄마는 고집피우는 맹꽁이를 놔두고 집에 가버렸어요.

'엥? 엄마가 정말로 가시다니……. 이젠 어떡하지? 우이독경(牛耳讀經)은 또 뭐야?'

맹꽁이는 눈물을 닦고 생각했어요.

'치, 아무 때나 고집 피운다고 엄마가 사주는 것이 아니구나!'

맹꽁이는 터벅터벅 집으로 걸어가고 있었어요.

그때 누군가 맹꽁이를 덥석 껴안았어요.

"맹꽁아! 엄마는 세상에서 맹꽁이가 제일 좋아."

"엄마! 저도 엄마가 제일 좋아요. 이제부터는 아무 때나 고집 피우지 않을게요."

"맹꽁아, 사랑해."

맹꽁이와 엄마는 손을 꼬-옥 잡고 오솔길을 걸었답니다.

유래

이백의 장시(왕십이의 추운 밤에 혼자 술잔을 드는 감회에 서린다)에 비열한 무리들이 시민들의 존귀한 지위를 탐낸다. 즉, 어리석은 사람을 향하여 도리를 일러주어도 알아듣지 못한다는 뜻에서 유래되었다.

한자쓰기

牛	耳	讀	經
3획	6획	22획	13획
牛	耳	讀	經

19 견원지간(犬猿之間)

犬	猿	之	間
개 **견**	원숭이 **원**	갈 **지**	사이 **간**

개와 원숭이처럼 몹시 나쁜 사이

장수풍뎅이 수컷 두 마리가 나무 숲에서 싸움이 벌어졌어요.

"으하하하, 잘 만났다!"

"덤벼라. 얏!"

"훌륭한 내 뿔 맛을 봐라 얏!"

"으라차차."

장수풍뎅이 수컷 두 마리는 서로 노려봤어요.

"내가 힘이 더 세다구!"

"무슨 말씀, 내가 힘이 더 세다구!"

"꼴보기 싫어."

"나도 마찬가지야."

그 모습을 지켜보던 느티나무 할아버지가 말씀하셨어요.

"사소한 일로 견원지간(犬猿之間)이 되겠구나."

"예? 견원지간(犬猿之間)요?"

"개와 원숭이처럼 몹시 나쁜 사이를 말한단다."

장수풍뎅이 두 마리는 서로 바라만 보았답니다.

유래

서유기에 손오공과 이랑장군의 대결 부분부터 개와 원숭이는 서로 이빨을 드러내고 으르렁거리는 사이가 되었다는 데서 유래된 말로 사이가 나쁜 사이를 이르는 말이다.

한자쓰기

20 청산유수(靑山流水)

靑	山	流	水
푸를 청	뫼 산	흐를 류	물 수

청산에 흐르는 물. 거침없이 잘하는 말에 비유

땡글이는 싱글벙글 웃으며 곰 아주머니 댁에 심부름을 갔어요.

"곰 아주머니! 안녕하세요?"

"우리 땡글이는 언제 만나도 싱글벙글하구나."

"엄마 심부름으로 콩떡을 가져왔어요. 맛있게 드세요."

"그래, 고맙구나."

"곰 아주머니! 노란 옷 색깔이 참 잘 어울리시네요."

"우리 땡글이는 언제나 청산유수(靑山流水)구나. 잘 가거라."

"네, 안녕히 계세요."

땡글이는 싱글벙글 웃으며 집으로 왔어요.

"엄마, 심부름 다녀왔습니다. 그런데 곰 아주머니가 저에게 청산유수(靑山流水)래요."

"정말? 막힘없이 말을 아주 잘 한다는 뜻이야."

엄마는 심부름을 잘한 땡글이에게 뽀뽀를 열 번이나 해주었답니다.

유래

고려 말기 한 사람이 대역죄를 지었는데 조정에서 안핵사까지 내려 보내 죄를 다스리게 하였다. 이 죄인에게는 딸이 하나 있었는데 효성이 지극하고 절세의 미인인데다 말이 청산유수(靑山流水)로 아버지를 구했다는 이야기에서 유래되었다.

한자쓰기

靑 8획	山 3획	流 10획	水 4획
靑	山	流	水

21 | 자신만만(自信滿滿)

自	信	滿	滿
스스로 **자**	믿을 **신**	가득할 **만**	가득할 **만**

아주 자신이 있음

오늘은 먹뚱이가 유치원에 처음으로 가는 날이에요.

"먹뚱아! 아빠가 신발 신겨줄까?"

"나 혼자 할 수 있어요."

"정말 자신만만(自信滿滿)인 걸."

"아직 어려서 못하는 줄 알았는데 먹뚱이가 이제 다 컸구나."

"아빠! '자신만만(自信滿滿)' 이 아주 자신이 있다는 뜻이죠?"

"먹뚱아! 콧물이 나오는구나. 엄마가 닦아줄게."

"나 혼자 할 수 있어요."

"정말 자신만만(自信滿滿)인 걸. 아직 어려서 못하는 줄 알았는데 먹뚱이가 이제 다 컸구나."

"먹뚱아! 할머니가 가방 들어줄까?"

"나 혼자 할 수 있어요."

"정말 자신만만(自信滿滿)인 걸. 아직 어려서 못 하는 줄 알았는데 먹뚱이가 이제 다 컸구나."

먹뚱이네 아빠와 할머니와 엄마는 먹뚱이가 기특해서 뽀뽀를 열 번이나 해주었답니다.

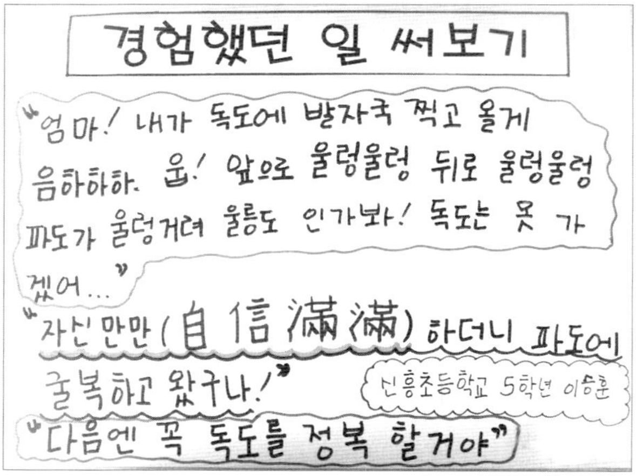

유래

고구려 을지문덕 장군이 수나라 장군 우중문 113만 대군을 청천강(살수)에서 큰 승리를 할 때 적의 약점을 이용하여 자신만만(自信滿滿)하게 싸워 이겼다는 전쟁이야기에서 유래되었다.

한자쓰기

自	信	滿	滿
6획	9획	14획	14획
自	信	滿	滿

22 상부상조(相扶相助)

相	扶	相	助
서로 상	도울 부	서로 상	도울 조

서로 서로 도와줌

코끼리와 병아리는 아주 친한 친구예요.

길을 가던 코끼리는 구슬을 놓쳤어요.

"어? 나무구멍 사이로 내 구슬이 빠졌어."

"코끼리야, 내가 도와줄게."

"병아리야, 고마워."

"괜찮아. 내가 도와주는 것은 당연하지!"

얼마 후, 병아리는 강을 건너려고 했어요.

그때 코끼리가 나타났어요.

"잠깐, 병아리야. 내가 등에 태워줄게."

"코끼리야, 고마워. 우리는 언제나 '상부상조(相扶相助)'네."

"그래. 서로 서로 도와주는 것은 참 좋은 일이야."

병아리와 코끼리는 상부상조(相扶相助)하며 더욱 친해졌답니다.

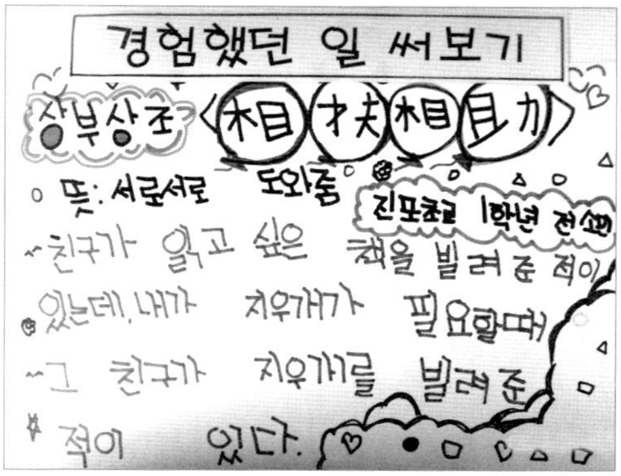

유래

우리 조상들은 논농사나 밭농사를 지을 때 두레를 조직하여 서로 협력하고 도와주는 상부상조(相扶相助)의 정신으로 일을 해결하는 풍습에서 유래되었다.

한자쓰기

相	扶	相	助
9획	7획	9획	7획
相	扶	相	助

23 일심동체(一心同體)

一	心	同	體
한 **일**	마음 **심**	한가지 **동**	몸 **체**

여러 사람이 뜻이나 행동을 함께 하여 한마음 한몸이 됨

꿀이와 꿀순이가 꿀을 발견했어요.

"꿀순아! 엉덩이 춤으로 이 소식을 친구들에게 알려주자."

"좋아, 꽃이 가까운 곳에 있으니 빨리 춤을 주자."

"위~ 윙"

"얘들아! 가까운 곳은 원을 그리고, 먼 곳은 8자형을 그리며 춤을 추어야 한다."

호박꽃 아주머니가 말씀하셨어요.

꿀이와 꿀순이는 춤을 추기 시작했어요.

잠시 후 꽃을 찾아온 꿀벌 친구들도 함께 일심동체(一心同體)가 되어서 춤을 추었어요.

"너희들이 한마음 한뜻으로 춤을 추는 모습이 대견하구나."

호박꽃 아주머니가 칭찬해 주셨어요.

꿀벌들은 꿀을 나누어 먹고 사이좋은 친구가 되었답니다.

유래

우리나라 전통혼례는 젊은 남녀가 하나로 합쳐 가정을 이루는 일심동체(一心同體)가 되는 식을 치뤄 서로의 자아 실현과 욕망을 충족시키고, 위로는 조상의 제사를 지내며 아래로는 자손을 후세에 존속시켜 조상이 끊기지 않게 하기 위해서 치르는 혼례식에서 유래되었다.

한자쓰기

一	心	同	體
1획	4획	6획	23획
一	心	同	體

24 신신당부(申申當付)

申	申	當	付
펼 신	펼 신	마땅 당	줄 부

몇 번이고 거듭하여 간절히 부탁하는 것

옛날 어느 마을에 방귀를 잘 뀌는 뽕순이라는 며느리가 살고 있었어요.

하루는 뽕순이가 빨래를 하고 있는데 갑자기 방귀가 나왔어요.

"뽀옹. 어머님! 죄송합니다."

"아니다, 나오는 방귀를 어떻게 하겠느냐. 시원하게 뀌어라."

시어머니는 방귀 뀌는 것을 허락했어요.

"어머님! 감사합니다."

어느 날 뽕순이는 갑자기 방귀가 또 나왔어요.

"뽀옹. 뽕뽕."

그러자 밥을 짓던 시어머니는

"아이고 영감, 내가 솥뚜껑을 타고 천장까지 가요."

마당을 쓸던 시아버지는 벌렁 넘어졌어요.

"아이고 할멈, 빗자루가 날아가요."

보다 못한 남편은 부인을 친정으로 보냈지요.

뿡순이가 집을 나와 언덕을 지날 때였어요.

"대감님! 감나무의 홍시를 따기가 어렵습니다."

"제가 따 드리겠습니다. 빠아앙. 빵빵."

김대감님은 뿡순이에게 고맙다며 큰 상을 주었어요.

이 소문을 들은 시어머님과 시아버님은 며느리를 찾아왔지요.

"아가야, 네 방귀가 복 방귀다. 다음부터 방귀를 뀔 때는 우리도 준비할 시간을 다오."

시어머니는 뿡순이에게 신신당부(申申當付)하였답니다.

유래

그리스 신화 '바람꽃 전설'에서 아네모네는 올림프스로 오게 되었는데 떠나면서 아네모네에게 맹수를 사냥하지 말라고 신신당부(申申當付) 했다는 데서 유래되었다.

한자쓰기

申	申	當	付
5획	5획	13획	5획
申	申	當	付

25 우유부단(優柔不斷)

優	柔	不	斷
넉넉할 **우**	부드러울 **유**	아니 **부**	끊을 **단**

부드럽고 약하여 결단성이 없음

옛날 옛날 깊은 산 속 마을에 할아버지와 할머니가 살고 있었어요.

어느 날 밤 갑자기 '쿵' 하는 소리가 들렸어요.

"무슨 소리야, 아이고 영감! 도둑이 들었나 봐요."

"도둑? 마루 밑에 쥐들일거야. 어서 잡시다."

이 말을 들은 도둑은 얼른 쥐 소리를 냈어요.

"찍찍, 찍찍!"

"그것 봐요. 쥐소리잖아요."

"영감, 아무래도 도둑 같아요. 쥐소리가 이상하잖아요."

"그럼 고양이인가?"

"야옹, 야옹!"

이 말을 들은 도둑은 얼른 고양이 소리를 냈어요.

"영감, 도둑 같으니 얼른 나가봐요."

"도둑이 아니래도……. 걱정 말고 어서 잡시다."

"당신은 정말 우유부단(優柔不斷)해요. 고양이 소리치고는 너무 굵잖아요."

"그럼 코끼리 소리인가?"

도둑은 코끼리 소리를 어떻게 낼지 몰라서

"에라 모르겠다, 코 코 끼리끼리, 코 코 끼리끼리."

"에구머니나! 영감! 도둑이에요. 어서 나가봐요."

"내 나가보리다."

도둑은 부엌으로 급하게 숨어 항아리 속에 들어가

바가지를 얼굴에 뒤집어썼어요.

밖으로 나온 할아버지는 부엌으로 들어갔지요.

할아버지는 항아리 속 바가지를 툭툭 두드리면서

"이건 뭐지? 바가지 같기도 하고."

도둑은 깜짝 놀라며

"박박 바각바각, 박박, 바각바각"

"허허! 틀림없는 바가지로군."

할아버지는 부엌을 나가 아무 일도 없었던 것처럼 잠자리에 들었어요.

'정말 우유부단(優柔不斷)한 할아버지시군.'

할아버지가 방으로 들어가자 도둑은 재빨리 도망갔답니다.

유래

고려사의 공양왕은 45세에 왕위에 올랐으나 우유부단(優柔不斷)한 성격으로 매사 일을 그르치다가 결국 신흥세력인 이성계에게 정권을 빼앗기고 나라를 넘겨 주었다는 데서 유래되었다.

한자쓰기

優	柔	不	斷
17획	9획	4획	18획
優	柔	不	斷

26 왈가왈부(曰可曰否)

曰	可	曰	否
말하다 **왈**	옳을 **가**	말하다 **왈**	아닐 **부**

옳다느니 그르다니 하고 말함
어떤 일에 대하여 좋다거나 좋지 않다고 말함

오늘은 동물농장이 시끌벅적하네요.

"꼬꼬댁 꼬꼬꼬꼬. 꼬꼬댁 꼬꼬꼬꼬!"

꼬꼬닭이 날개를 파닥거리며 으스댔어요.

"우리 농장에서 내가 제일 인기가 좋아요."

"꽉꽉, 그런 소리 말아요. 내 인기는 하늘을 찔러요."

하얀 오리도 뒤뚱거리며 말했어요.

"꼬꼬댁 꼬꼬, 내 말이 옳다니까요. 이 농장에서 내가 꼭 필요하다고요."

"꽉꽉, 무슨 소리예요. 나야말로 우리 농장에서 꼭 필요하다구요."

그때 농장주인 아저씨가 오셨어요.

"왜 이렇게 '왈가왈부(曰可曰否)' 하니?"

"꼬꼬닭이나 오리 너희들 모두 농장에서 꼭 필요한 가족이란다."

그제서야 꼬꼬닭과 오리는 빙그레 웃었답니다.

유래

조선 선조임금님 때 임진왜란이 벌어졌다. 조정에서는 청나라로 군대를 보내 나라를 구해 달라는 사신으로 홍종인을 보냈다. 홍종인은 과거 중국으로 사신을 갔다가 크게 자선을 하고 돌아온 사람으로 중국의 왈가왈부(曰可曰否)를 물리치고 임무를 수행했다는 데서 유래가 되었다.

한자쓰기

曰	可	曰	否
4획	5획	4획	7획
曰	可	曰	否

27 십중팔구(十中八九)

十	中	八	九
열 **십**	가운데 **중**	여덟 **팔**	아홉 **구**

열이면 여덟이나 아홉은 그러하다는 뜻으로
거의 예외 없이 그러할 것이라는 추측을 나타내는 말

어느 날, 호랑이와 두꺼비가 바위 앞에서 만났어요.

"호랑이님, 오늘 날씨가 참 좋아요. 우리 떡을 쪄서 소풍가요."

"그럴까?"

호랑이와 두꺼비는 신이 나서 시루떡을 쪘어요.

김이 모락모락 나는 떡을 보자 호랑이는 욕심이 생겼어요.

그래서 꾀를 내었지요.

"두껍아! 우리 내기를 하자. 이기는 쪽이 떡을 다 먹는 거야. 어때?"

"좋아요. 어떤 내기인데요?"

"음, 떡시루를 산꼭대기에서 굴리는거야. 시루가 떼굴떼굴 굴러가면 빨리 가서 먼저 잡는 사람이 떡을 다 먹는거야."

"십중팔구(十中八九) 호랑이 아저씨가 이길 텐데요?"

"똑같이 뛰면 열이면 여덟이나 아홉은 내가 이기지. 그러니까 나는 한 발로 천천히 갈게."

"좋아요."

"두껍아! 준비 땅!"

떡시루가 떼굴떼굴 구르기 시작했어요. 호랑이는 있는 힘을 다해서 달렸어요.

"우와! 떡시루에서 떡이 조금씩 떨어져 나오네."

두꺼비는 내려오면서 떡을 하나씩 주워 먹었어요.

한편 호랑이는 한참 동안 뛰어서 떡시루를 겨우 붙잡았어요.

"하하하 두껍아! 이 시루떡은 이제 내 떡이다."

그런데 이게 웬일이죠? 시루에 있던 떡은 다 사라지고 말았어요.

자기 꾀에 자기가 넘어간 호랑이는 눈만 깜빡거렸답니다.

유래

새옹지마에 나오는 말로 거의 예외없이 그럴 것이다라고 추측한다는 뜻으로 불교 이소부(離騷賦)에서 유래되었다.

한자쓰기

十	中	八	九
2획	4획	2획	2획
十	中	八	九

28 의기양양(意氣揚揚)

意	氣	揚	揚
뜻 의	기운 기	드날릴 양	드날릴 양

뜻한 바가 이루어져 자랑스럽게 행동함

삐약삐약

병아리 학교 운동회 날이네요.

노란 병아리와 하얀 병아리가 달리기 시합을 해요.

"노랑이 이겨라!"

"흰둥이 이겨라!"

"삐약, 이겨라. 삐약, 이겨라!"

큰 소리로 응원을 하고 있지요.

"준비, 탕!"

소리와 함께 달리기가 시작됐어요.

"내가 먼저 갈 거야."

"아니야. 내가 이길 거야."

결국에는 노랑이가 이겼어요.

"이겼다. 이겼다. 노랑이가 이겼다. 우와~"

노란 병아리들은 승리의 함성이 울려 퍼지는 가운데 의기양양(意氣揚揚)하게 걸어왔답니다.

유래

춘추(春秘)시대 제(齊)나라의 국상인 안자(晏子)의 마부가 분수도 모르고 의기양양 거들먹거리는 모습에 그의 아내가 실망하여 헤어지자고 했던 이야기에서 비롯되었다.

한자쓰기

意	氣	揚	揚
13획	10획	12획	12획
意	氣	揚	揚

29 칠전팔기(七顚八起)

七	顚	八	起
일곱 **칠**	엎드러질 **전**	여덟 **팔**	일어날 **기**

일곱 번 넘어지고 여덟 번 일어남

바닷가에 엄마 거북이와 아기 거북이가 살았어요.

"엄마, 저는 아무리 열심히 달려도 친구들을 이길 수가 없어요. 일곱 번이나 참가했는데 실패했어요."

"아가야, 일곱 번 넘어져도 여덟 번 일어나는 칠전팔기(七顚八起) 정신으로 도전하자."

"예. 칠전팔기요?"

"그래, 여러 번 실패해도 굽히지 않고 일어나는거야. 엄마도 그랬어. 옛날 옛날에 너희 거북이 할아버지도 칠전팔기(七顚八起) 정신으로 토끼 할아버지를 이겼단다."

"정말요? 저도 그럼 포기하지 않을래요."

아기 거북이는 엄마와 새끼손가락을 걸며 꼭꼭 약속했답니다.

유래

조선 말기와 6 · 25 한국 전쟁 때 유행하던 각설이 타령에 "칠전팔기(七顚八起), 우리 나라 만세, 우리네 신명이 할 수 있네"에서 유래되었다.

한자쓰기

七	顚	八	起
2획	19획	2획	10획
七	顚	八	起

30 배은망덕(背恩忘德)

背	恩	忘	德
등 배	은혜 은	잊을 망	덕 덕

은혜와 덕을 잊고 있음

장난꾸러기 뽕상어와 뚱상어가 살고 있었어요.

"뚱상어야! 우리 아기고래를 놀려줄까?"

"그래그래. 심심한데 잘됐다."

뽕상어와 뚱상어가 아기고래를 놀려댔어요.

"뚱상어야! 재미있지?"

"응, 아기고래 메롱"

뽕상어와 뚱상어는 재미있다며 킬킬댔어요.

아기고래는 울면서 집으로 돌아갔지요.

"엄마! 뽕상어와 뚱상어 형들이 저만 보면 놀려요."

며칠이 지난 뒤, 엄마고래는 미역 숲에서 놀고 있는 두 상어를 반겼어요.

"이 녀석들, 잘 만났다. 내가 너희들을 위험할 때마다 구해주었는데 '배은망덕(背恩忘德)'을 해도 유분수지. '은혜와 덕을 모르고 아기 고래를 괴롭히다니…….' ?"

뽕상어와 뚱상어는 그제서야 잘못을 뉘우쳤답니다.

유래

예수 그리스도가 십자가에 못박혀 죽임을 당할 처지에 놓이게 된 것은 스승을 가장 잘 믿고 따르던 제자 중 "가롯 유다"의 "배은망덕(背恩忘德)"이라는 이야기에서 유래되었다.

한자쓰기

31 일석이조(一石二鳥)

一	石	二	鳥
한 일	돌 석	두 이	새 조

돌 한 개로 한꺼번에 두 마리 새를 잡는다는 뜻
(한 가지 일을 하여 두 가지 이익을 봄)

저녁을 먹은 수현이는 가방정리를 하고 있었어요.

'내일은 미술이 들었으니 그리기 준비물을 가져 가야지.'

물감, 스케치북을 찾았지만 미술책이 보이지 않았어요.

'분명히 이 자리에 놓은것 같은데…….'

"수현아, 무엇을 잃어버렸니?"

"엄마, 미술책이 안 보여요. 책장에다 놓은 것 같은데……."

"잘 찾아보렴."

책장의 책들이 엉망으로 꽂아져 있었어요.

"이런, 책들이 엉망이구나. 뒤섞여있으니까 미술책을 못찾지! 책 정리를 해야겠구나."

"네."

수현이는 책들을 가지런히 정리했어요.

"엄마! 미술책을 찾았어요. 그리고 읽고 싶었던 사자성어 동화책도 찾았어요."

"일석이조(一石二鳥)구나. 책장을 정리해서 미술책도 찾고, 그렇게 찾던 동화책도 찾았으니."

"네. 앞으로는 정리정돈을 잘 해야겠어요."

수현이는 깔끔하게 정리된 책장을 보고 환하게 웃었답니다.

유래

조선시대 안동권씨 한 사람이 한양으로 과거시험을 보러가는 데 '문경세재'를 넘으면서 한 주막에서 쉬게 되었다. 짐을 벗고 쉬는 참인데 큰 새 두 마리가 나뭇가지에 앉아 있기에 한 개의 돌을 쏘아 한꺼번에 새 두 마리를 얻었다는 이야기에서 유래되었다.

한자쓰기

一	石	二	鳥
1획	5획	2획	11획
一	石	二	鳥

32 풍전등화(風前燈火)

風	前	燈	火
바람 풍	앞 전	등불 등	불 화

매우 어려운 처지에 놓여 있음

오리 집에 귀여운 아기 오리 두 마리가 태어났어요.

엄마 오리가 말했지요.

"얘들아! 엄마가 먹이를 구해올게. 기다리고 있거라."

엄마가 집을 나서자 그때 무서운 독수리가 나타났어요.

"으악! 독수리다!"

"요녀석들"

"엄마, 엄마! 우리가 위급해요."

"아니, 풍전등화(風前燈火)라더니……."

"안돼. 우리 아기를 당장 내려놔!"

엄마 오리는 온힘을 다해 독수리와 싸웠어요.

독수리는 지쳐서 날아가 버렸지요.

아기 오리는 벌벌 떨고 있었어요.

"엄마, 몸 전체가 상처투성이가 되었어요."

"괜찮아. 엄마는 너희들을 반드시 지켜 줄거야!"

"엄마가 독수리를 이길 수 있다니 꿈만 같아요. 엄마! 하늘만큼 땅만큼 사랑해요."

엄마 오리는 아기 오리를 꼬옥 껴안아 주었답니다.

유래

조선 선조 때의 일이다. 나라는 당파 싸움으로 국방에는 힘쓰지 않고 있을 때 일본은 '풍신수길' 이라는 사람이 통일하여 조선을 침공하였다. 이 때 풍전등화(風前燈火)에 놓은 우리나라를 구한 이순신 장군의 이야기에서 유래되었다.

한자쓰기

風	前	燈	火
9획	9획	16획	4획
風	前	燈	火

33 천생연분(天生緣分)

天	生	緣	分
하늘 **천**	날 **생**	인연 **연**	나눌 **분**

하늘이 정해준 연분

화창한 어느 봄날, 행복 양돌이와 이쁜 양순이가 만났어요.

"오우, 당신은 너무 멋있어요."

"이쁜이 아가씨도 정말 예쁘답니다."

"어머 어머, 고마워요."

"사람들이 우리보고 잘 어울린다고 해요. 우리는 천생연분(天生緣分) 같으니 결혼합시다."

"하늘이 정해준 인연이란 말이죠? 그래요."

행복 양돌이와 이쁜 양순이는 결혼했어요.

둘이는 사랑을 하여 예쁜 아기도 낳았지요.

이쁜 양순이는 아기 양에게 뽀뽀도 해주고 안아도 주며 행복하게 살았답니다.

유래

옛날 중국 위나라에 자사라는 선비에게 외동딸이 있었는데 불행하게도 천연두 병으로 곰보 얼굴이 되었다. 나이가 들어 시집을 보내려고 해도 혼처가 없자 선비는 걱정이 이만저만이 아니던 차에 서울로 과거보러 가는 젊은 서생이 묵고 갈 때 일부일처(一夫一妻)라는 말을 남기고 데릴사위를 맞이하게 되었다는 데서 유래되었다.

* 일부일처 – 한 사람 남편과 한 사람 아내
* 데릴사위 – 아들이 없어 딸의 남편이 들어와 사는 제도

한자쓰기

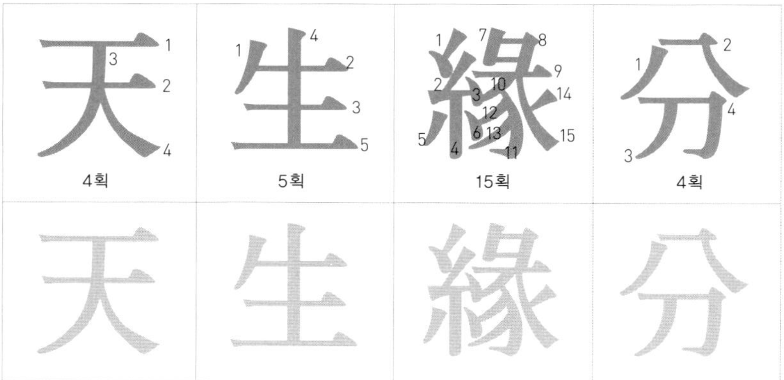

34 일구이언(一口二言)

一	口	二	言
한 일	입 구	두 이	말씀 언

한 입 가지고 두 말 함

어느 날 뚱보 형과 홀쭉이 동생이 좁은 골목길에서 만났어요.

"뚱보 형! 난 바쁘니까 내가 먼저 갈게."

"흥, 내가 먼저 왔으니깐 네가 비켜!"

뚱보 형과 홀쭉이 동생은 머리를 맞대고 싸움을 했어요.

"형이 뭐 그래? 동생한테 양보해야지."

"네가 어제까지는 무조건 형에게 양보한다고 해놓고 이제와서 일구이언(一口二言)이야? 그만 두자. 내가 물러선다."

"한 입 가지고 두 말 한다고?"

뚱보 형의 말에 홀쭉이도 미안한 생각이 들었어요.

"뚱보 형! 좀 전에는 내가 미안했어."

그 후로 뚱보와 홀쭉이는 한 발씩 양보하며 우애 있는 형제가 되었답니다.

유래

일구일학(一邱一壑) – 때로는 언덕에 오르고 때로는 골짜기에서 낚시질을 한다는 뜻에서 유래된 말

한자쓰기

一	口	二	言
1획	3획	2획	7획
一	口	二	言

35 비일비재(非一非再)

非	一	非	再
아닐 **비**	한 **일**	아닐 **비**	두 **재**

한두 번이 아님

숲 속 마을에 뾰족한 가시가 많은 아기 고슴도치가 살고 있었어요.

"나는 왜 이렇게 뾰족한 미운 가시가 많지? 엄마, 나도 다른 친구들처럼 부드러운 털을 가지고 싶어요."

"아가야, 적으로부터 우리들의 몸을 보호하기 위해서란다."

고슴도치는 너무나 속이 상했어요. 그때였어요.

"아, 살려줘, 토끼 살려!"

"어? 이게 무슨 소리지? 토끼 소리인데?"

"나 좀 살려주세요! 토끼 살려!"

엄마 고슴도치와 아기 고슴도치는 소리 나는 곳으로 달려갔어요.

"토끼야, 잘 만났다. 어흥."

"제… 제발 살려주세요."

이 모습을 본 엄마 고슴도치는 자신의 뾰족한 가시를 세우고 데구르르 굴러갔어요.

"아야아야, 앗 따가워! 제발 그만 해. 잘못했다구!"

호랑이는 고슴도치의 뾰족한 가시 때문에 멀리 도망을 갔어요.

"고슴도치 아주머니, 정말 고맙습니다."

"뾰족한 가시 덕분이야. 내 가시로 위험을 막아내는 일은 '비일비재(非一非再)' 하단다."

"정말 한두 번이 아닌가 보네요?"

"그렇단다."

그 모습을 본 아기 고슴도치는 엄마가 자랑스러웠어요.

나무 위에 해님도 고슴도치를 보며 방긋 웃었답니다.

유래

일본이 우리나라를 지배하던 시절 웬만한 형사사건은 순사 선에서 해결나기 때문에 한국사람은 일본 순사에게 고등어를 뇌물로 바치는 것이 비일비재(非一非再)하였다는 데서 유래되었다.

한자쓰기

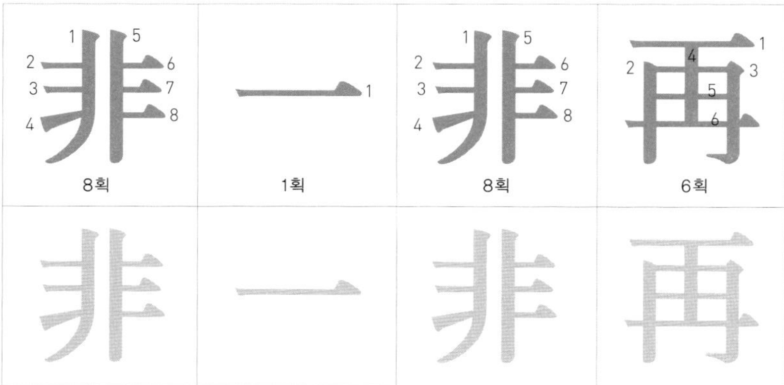

36 어부지리(漁父之利)

漁	父	之	利
고기 잡을 **어**	아비 **부**	갈 **지**	이로울 **리**

어부의 이로움이라는 뜻으로 둘이 다투고 있는 사이에 엉뚱한 사람이 이익을 얻음

"딩동, 딩동"

엄마가 시장에 갔다가 돌아오셨어요.

"얘들아, 엄마가 운동화 두 켤레 사왔다."

"칫, 운동화는 싫다고요. 나는 구두가 신고 싶었어요."

성현이가 말하자 태현이도 말했어요.

"엄마, 이 운동화 색깔은 너무 촌스럽고 색깔도 마음에 안 들어요."

"이 녀석들, 엄마가 볼 때는 예쁘기만 한데……. 싫으면 관두렴."

그때 마침 옆집 순이가 놀러 왔어요.

"아이고~ 그래, 우리 순이나 운동화를 줘야겠다!"

"고맙습니다. 아주머니 아주 예쁜 걸요. 생각도 안했는데 어부지리(漁父之利)로 제가 갖게 되었네요."

성현이와 태현이는 울상만 짓고 말았답니다.

유래

중국에서 도원결의에 나오는 이야기이다. 죽을 병에 걸린 노인이 유언하길 내가 죽으면 아내를 시집보내라고 하였다가 다시 말을 바꿔 나와 같이 묻어라 하고 유언하고 죽는다. 아들은 두 말 중 정신이 있을 때 들은 시집보내라는 말로 실천을 한다. 결국 죽음을 당함을 면하고 시집간 어머니로부터 죽음을 모면하고 은혜를 받았다는 데서 유래가 되었다.

한자쓰기

漁	父	之	利
14획	4획	3획	7획
漁	父	之	利

37 천만다행(千萬多幸)

千	萬	多	幸
일천 **천**	일만 **만**	많을 **다**	다행 **행**

위험이 있었지만 쉽게 넘김

사탕을 매일매일 다섯 개씩 먹는 훈이가 있었어요.

어느 날, 훈이는 이가 아파서 울기 시작했지요.

"엉 엉 엉. 엄마, 이가 아파요."

훈이가 울자 엄마가 말씀하셨어요.

"사탕 때문에 세균들이 충치를 생기게 한단다."

훈이와 엄마는 치과에 갔어요.

병원에 도착하자 땡글이의 이를 보고 의사 선생님이 말씀하셨어요.

"천만다행(千萬多幸)이군요. 하마터면 젖니 20개 모두가 썩을 뻔했어요!

그러면 치아를 모두 뽑아야 되거든요."

훈이는 깜짝 놀랐어요.

"의사 선생님! 이제 사탕 안 먹을 거예요. 그리고 치아도 열심히 닦겠습니다."

훈이는 하루에 치아를 세 번 닦기로 결심했습니다.

유래

우강은 천제의 친손자인데 풍신(風神)까지 겸하고 있다. 해신(海神)인 우강은 거대한 거북이를 귀허로 보내 다섯 개의 신산을 지도록 했다. 이 놀음에 거북이 3마리는 불만이었지만 그래도 바람에 시달려야 했던 옛날에 비하면 천만다행(千萬多幸)이었다고 해서 유래되었다.

한자쓰기

千	萬	多	幸
3획	13획	6획	8획
千	萬	多	幸

38 동고동락(同苦同樂)

同	苦	同	樂
한가지 **동**	쓸 **고**	한가지 **동**	즐길 **락**

함께 고생도 하고 즐거움도 같이 함

주루룩 죽죽, 비가 오네요.

여기저기를 날아다니던 배추흰나비가 두리번거렸어요.

"배추흰나비야, 이리로 와서 비를 피하렴!"

"나뭇잎 아주머니! 항상 도와 주셔서 고맙습니다."

"배추흰나비야, 우리는 동고동락(同苦同樂)하는 사이잖아."

그때 지렁이가 꿈틀꿈틀 땅 위로 기어 나왔어요.

"어휴, 흙 속에 물이 잠겨서 숨이 막혀 올라왔어요."

"저런, 힘들었겠구나. 지렁아, 어서 와서 비를 피하렴!"

"나뭇잎 아주머니! 항상 도와 주셔서 고맙습니다."

"지렁아, 우리는 동고동락(同苦同樂)하는 사이잖아."

"아, 고통과 즐거움을 함께 나눈다는 뜻이죠?"

"그래그래, 잘 알고 있구나. 나도 너희들이 와줘서 즐겁단다."

배추흰나비와 지렁이는 나뭇잎 아주머니 아래서 비를 피하고 놀았답니다.

유래

옛날에 장강삼협(長江三峽)에 납섬을 업으로 하는 아버지와 아들이 살고 있었는데 두충이라는 아들이 심성이 착한 사람이었다. 그는 가난한 섬부들과 동고동락(同苦同樂)하다가 허리 통증으로 고생하는 섬부들을 위하여 약초를 구하여 오다가 결국 절벽에서 떨어져 죽었다는 두충이야기에서 유래되었다.

한자쓰기

同	苦	同	樂
6획	9획	6획	15획
同	苦	同	樂

39 동분서주(東奔西走)

東	奔	西	走
동녘 동	달릴 분	서녘 서	달릴 주

사방으로 이리저리 몹시 바쁘게 돌아다님

열 한 마리 아기돼지 형제들이 꿀꿀거리며 소풍을 가고 있었어요.

시냇물이 흐르는 징검다리를 건널 때였지요.

"얘들아, 형을 따라서 잘 건너와야 돼, 꿀꿀."

큰 형이 먼저 건너갔어요.

그 뒤를 따라 돼지 형제들은 건너갔지요.

"꿀 꿀 꿀, 다 건너 왔냐? 세어 보자."

"한 마리, 두 마리, 세 마리 ……. 열 마리. 어, 이상하다?"

"누가 못 건너 왔어?"

큰 형이 고개를 갸우뚱거리며 둘째 형에게 말했어요.

"형, 내가 다시 세어볼께요."

"한 마리, 두 마리, 세 마리 ……. 열 마리"

둘째 형이 숫자를 세도 열 마리였어요.

"누가 못 건너 왔나봐. 물에 빠졌나?"

"꿀꿀, 큰일 났어요. 한 마리를 찾으세요."

"왜 이렇게 동분서주(東奔西走)하니?"

꿀꿀이 형제를 지켜보던 염소 선생님이 말했어요.

"염소 선생님! 아무리 세어 봐도 열 마리예요."

"그래서 한 마리를 찾느라고 동분서주(東奔西走)했구나."

그때 영리한 막내 동생 꿀꿀이가 말했어요.

"열 한 마리가 맞는데……. 모두들 자기는 빼고 수를 세었잖아."

모두들 하하 호호 웃었답니다.

유래

중국 하나라 우(禹)왕의 고사에 우왕은 치산 치수를 위하여 현지 조사를 거쳐 강바닥에 쌓인 토사를 제거하는 방법을 취했다. 그는 직접 공사 현장을 감독하면서 동분서주(東奔西走)한 결과 13년 만에 홍수를 정복하였다는 고사에서 유래되었다.

한자쓰기

40 좌지우지(左之右之)

左	之	右	之
왼쪽 **좌**	갈 **지**	오른쪽 **우**	갈 **지**

자기 마음대로 남에게 이래라 저래라 함

욕심쟁이 고양이가 쿨쿨 낮잠을 자고 있었어요.

그때 생쥐 세 마리가 살금살금 다가왔지요.

"얘들아, 늘 우리를 좌지우지(左之右之)하는 고양이 녀석 때문에 속상해."

"맞아. 우리에게 이래라 저래라하는 것은 불공평해."

"그럼 어떻게 하지?"

"우리가 혼내주자."

생쥐 세 마리는 고양이를 혼내주기로 했어요.

"얘들아, 쉿! 저기 고양이가 자고 있어."

"찍, 고양이 녀석. 맛 좀 봐라 쿵!"

첫 번째 생쥐는 엉덩이를 때려 주었어요.

"찍찍, 고양이 녀석 긴 수염을 쏘오옥!"

두 번째 생쥐는 수염을 잡아 당겼어요.

"찍찍찍, 고양이 녀석 긴 꼬리를 쭈우욱!"

세 번째 생쥐는 꼬리를 잡아당겼어요.

자다가 벌떡 일어난 고양이는 숲 속으로 멀리 도망갔답니다.

유래

하(夏)나라 걸왕은 둘째 부인으로 하남성 좌씨 성을 가진 여인을 맞이하였다. 부인의 오라버니가 되는 우빈이라는 사람이 난폭한데다 경망스럽기가 이를 데 없어 임금이 하는 일을 좌지우지(左之右之) 하였다는 데서 유래되었다.

한자쓰기

左	之	右	之
5획	3획	5획	3획
左	之	右	之

초등 고학년 2단계

41. 고진감래(苦盡甘來)
42. 전전긍긍(戰戰兢兢)
43. 심사숙고(深思熟考)
44. 가계야치(家鷄野雉)
45. 일자천금(一字千金)
46. 부화뇌동(附和雷同)
47. 불요불급(不要不急)
48. 빈자일등(貧者一燈)
49. 맹모삼천(孟母三遷)
50. 목인석심(木人石心)
51. 속수무책(束手無策)
52. 무용지용(無用之用)
53. 묵자비염(墨子悲染)
54. 문전성시(門前成市)
55. 호시탐탐(虎視眈眈)
56. 형설지공(螢雪之功)
57. 호연지기(浩然之氣)
58. 금란지교(金蘭之交)
59. 여호모피(與虎模皮)
60. 연목구어(緣木求魚)
61. 용두사미(龍頭蛇尾)
62. 유교무류(有敎無類)
63. 겸양지덕(謙讓之德)
64. 대동소이(大同小異)
65. 감지덕지(感之德之)
66. 거안사위(居安思危)
67. 내조지공(內助之功)
68. 부중지어(釜中之魚)
69. 저수하심(低首下心)
70. 함흥차사(咸興差使)
71. 비몽사몽(非夢似夢)
72. 반신반의(半信半疑)
73. 난형난제(難兄難弟)
74. 남가일몽(南柯一夢)
75. 백중지세(伯仲之勢)
76. 어불성설(語不成說)
77. 조삼모사(朝三暮四)
78. 죽마고우(竹馬故友)
79. 초지일관(初志一貫)
80. 일소일소(一笑一少)

41 고진감래(苦盡甘來)

苦	盡	甘	來
괴로울 **고**	다할 **진**	달 **감**	올 **래**

고생한 끝에 즐거움이 있음

〈전래동화 개작〉

옛날 옛날 백두산 골짜기에 곰과 호랑이가 살고 있었어요.

곰과 호랑이는 사람이 되고 싶었대요.

어느 날 환웅님을 찾아갔어요.

"환웅님! 우리들은 사람이 되는 것이 소원입니다."

"그렇다면 100일 동안 굴 속에서 쑥과 마늘을 먹어라."

곰과 호랑이는 쑥과 마늘을 먹으며 하루하루를 보냈어요.

어느 날이었어요.

"곰아! 나는 더 이상 마늘과 쑥만 먹고는 못살겠어."

"호랑아! 조금만 참아. 고진감래(苦盡甘來)란 말도 있잖아."

호랑이는 들은 척도 않고 밖으로 나갔어요.

곰은 꾹 참고 100일을 보냈어요.

그래서 곰은 예쁜 아가씨가 되었어요.

마을 사람들은 그 아가씨를 '웅녀' 라고 불렀지요.

웅녀에 관한 이야기가 온 나라 안에 퍼지자 환웅님이 오셨어요.

"웅녀야. 고진감래(苦盡甘來)한 너와 결혼하겠노라. 고생한 끝에 즐거움이 있는 법이니라."

드디어 환웅님과 웅녀가 결혼을 해서 아이가 태어났어요.

그 분이 바로 우리나라를 세우신 단군이랍니다.

유래

맹자(孟子) 이루(離婁)에 나오는 역지측개연(易地側蓋然) 고진감래(苦盡甘來)에서 유래되었다.

한자쓰기

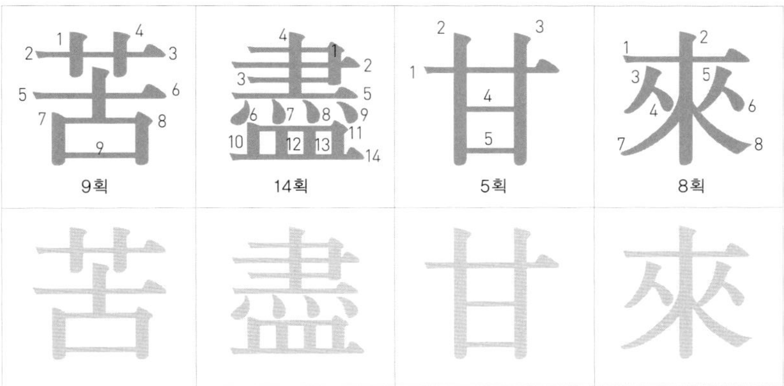

42 전전긍긍(戰戰兢兢)

戰	戰	兢	兢
싸움할 **전**	싸움할 **전**	떨릴 **긍**	떨릴 **긍**

몹시 두려워서 벌벌 떨며 조심함

두더지가 꼬무락꼬무락 땅을 파고 있는데 생쥐가 나왔어요.

"두더지야, 너는 왜 이렇게 눈을 꿈뻑거리니?"

"난 눈이 나쁘잖아. 잘 안 보여서 그래."

"생쥐 넌 눈이 커서 좋겠다."

"쯧쯧, 두더지야! 넌 땅 속에서만 지내니까 답답해 보여."

"생쥐야! 넌 땅 위에서 사니까 좋지?"

두더지는 생쥐를 부러워했어요.

"두더지야! 매일 땅만 파지 말고 나를 따라와 봐."

"땅 위 세상이 무서워서 그래."

"네가 매일 전전긍긍(戰戰兢兢) 하니까 그 모양이지! 떨지 말고 용기를 내봐."

"네가 보기에도 두려워서 벌벌 떨고 있는 모양이 우습지?"

그때 독수리가 날개를 푸드덕거리며 두리번거렸어요.

"으악, 생쥐 살려!"

"칫, 생쥐 녀석. 땅 위에서 산다고 자랑만 하더니 겁쟁이구나!"

두더지는 씨익 웃으며 땅 속으로 다시 들어갔답니다.

유래

악정을 한탄한 시 '감히 맨손으로 범을 잡지 못하고, 감히 걸어서 황허강을 건너지 못한다. 사람들은 그 하나만 알지만 그 밖의 것들은 알지 못한다. 두려워서 벌벌 떨며 조심하기를 마치 깊은 연못에 임한 것 같이 하고 살얼음 밟듯이 해야 하네'에서 유래되었다.

한자쓰기

戰	戰	兢	兢
16획	16획	14획	14획
戰	戰	兢	兢

43 심사숙고(深思熟考)

深	思	熟	考
깊을 **심**	생각 **사**	익을 **숙**	생각할 **고**

깊이 생각하고 곧 신중을 기하여 곰곰이 생각함

줄다리기를 잘하는 힘센 코끼리가 있었어요.

"우하하하! 이 세상에서 내가 최고야. 누구든지 덤빌테면 덤벼라!!!"

그때였어요.

"찍찍, 코끼리님! 우리랑 겨루어 봐요."

"웃기지마라. 쬐그만 것들이 날 놀리는구나."

"코끼리님! 길고 짧은 것은 대봐야 안다구요."

"좋아, 그럼 내일 점심 12시에 만나자."

"좋아요."

코끼리와 헤어진 뒤 생쥐들은 회의를 하였어요.

"우리가 이기려면 어떤 방법이 좋을까?"

"심사숙고(深思熟考)해서 이야기해 보자."

"맞아. 깊이 잘 생각하는 것은 아주 중요해."

"그럼, 친구들을 많이 모아서 가는 것은 어떨까?"

"좋아, 좋아."

다음 날, 힘센 코끼리와 생쥐 100마리가 줄다리기를 했어요.

준비, 땅!

"으샤, 으샤, 으~~~샤."

"어~~~어, 이 녀석들이, 내가 밀리다니. 어휴 창피해."

"코끼리님! 그래서 길고 짧은 것은 대봐야 안다고 했잖아요."

"정말로 길고 짧은 것은 대봐야 아는구나."

덩치 큰 코끼리는 부끄러워서 숲 속 멀리 도망갔답니다.

유래

인재를 맞아들이기 위하여 참을성있게 노력하는 것으로 중국 삼국시대에 촉한의 유비가 난양에서 은거하고 있던 제갈량의 초옥으로 찾아갔다는 데서 유래되었다.

한자쓰기

深	思	熟	考
11획	9획	15획	6획
深	思	熟	考

44 가계야치(家鷄野雉)

家	鷄	野	雉
집 가	닭 계	들 야	꿩 치

자기 것은 하찮고 남의 것만 좋게 여김

화창한 봄날, 한순이와 양순이가 생일잔치에 갔어요.

"와, 양순아, 네 드레스 너무 예쁘다. 귀걸이도 정말 부러워, 어디에서 샀니?"

"우리 엄마가 백화점에서 사주셨어. 이 귀걸이도."

양순이가 자랑스럽게 대답했어요.

'치, 내 치마 저고리는 촌스럽고 시시하다구.'

한순이는 옷 때문에 시무룩해져서 집으로 왔어요.

"엄마, 난 이 한복 싫어. 양순이는 예쁜 드레스 입고 예쁜 귀걸이까지 차고 왔단 말야."

"아니, 우리 한순이 개량 한복이 얼마나 예쁜데."

"싫어, 난 드레스가 더 좋단 말야."

"한순아, 자기 것은 시시하게 여기고 남의 것을 부러워하다니……. '가계야치(家鷄野雉)' 로구나. 우리나라 고유의 옷인 한복을 좋아해야지. 알겠지?"

"네."

그 후로 한순이는 엄마가 만들어준 한복을 자랑하게 되었답니다.

유래

진(晉)나라 유익(庾翼)의 서법(書法)은 왕희지(王羲之)와 같다고 이름이 나있었는데도 불구하고 유익의 집안사람들이 당시 유행하던 왕희지의 서법을 배웠다. 이에 유익은 지인에게 '아이들이 집안의 닭은 천하게 여기고 들판의 꿩만 사랑하여 모두 왕희지의 서법만 배우니 이는 나를 그만 못하게 여긴 것이다' 라고 편지에 썼다는 데에서 유래되었다.

한자쓰기

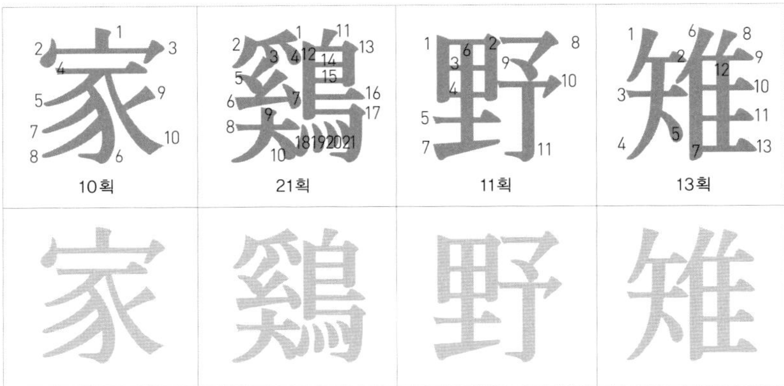

45 일자천금(一字千金)

一	字	千	金
한 **일**	글자 **자**	일천 **천**	쇠 **금**

글자 한 자에 천금이 됨

시골마을 가을동산에서 백일장이 열리고 있어요.

감나무에 빨간 홍시가 풍성하게 매달려있네요.

아이들은 저마다 장원을 꿈꾸며 나왔지요.

"오늘 제목은 「홍시」입니다."

한솔이는 방긋 웃으며 동시를 짓기 시작했어요.

「아이, 저 홍시 좀 봐.

참 맛있게 생겼네.

응, 저 홍시를 따다

우리 성아 가져다 줘야지.」

드디어 교장 선생님께서 말씀하셨어요.

"오늘의 장원은 1학년 1반 김한솔!"

"와~아."

친구들도 축하해주었어요.

"오늘 장원한 글은 일-자-천-금(一字千金)입니다. 글자 한 자에 천금이라는 뜻으로 매우 뛰어난 글을 말하지요."

교장 선생님의 칭찬에 한솔이는 하늘을 훨훨 나는 것 같았답니다.

유래

중국 진(秦)나라 여불위가 「여씨춘추」를 지어 함양(咸陽)성문에 놓아두고, 내용 가운데 한 글자라도 첨삭(添削)하는 사람이 있다면 천금을 주겠다고 한 데에서 유래한다.

한자쓰기

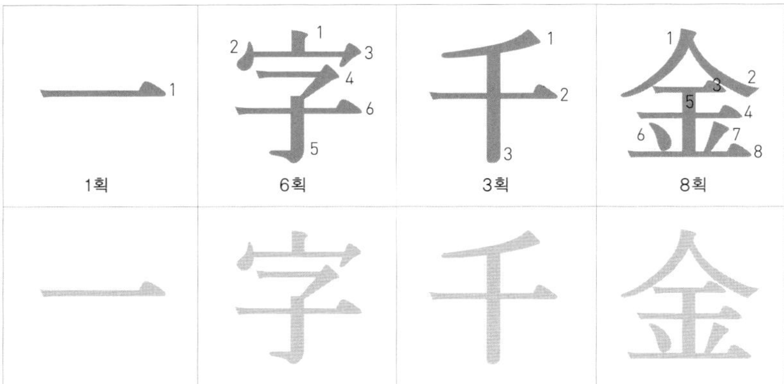

46 | 부화뇌동(附和雷同)

附	和	雷	同
붙을 **부**	화할 **화**	천둥 **뇌**	같을 **동**

줏대 없이 남들의 의견에 그대로 따라 움직임

진돗개, 삽살개, 풍산개, 파랑이, 검둥이가 한교실에서 공부를 하고 있었어요.

어느 날 누렁이가 전학을 왔어요.

"안녕하세유? 저는 누렁이라고 허는디 잘 부탁혀유."

"멍멍멍, 야! 촌놈 어디서 왔어?"

삽살개가 짖었어요.

"나는 저 산 너머 산골에서 왔는디. 봐줘라 잉."

"멍멍멍, 이 촌뜨기야, 널 봐달라고?"

검둥이가 누렁이를 촌뜨기라고 골려댔어요.

"멍멍멍……. 얼레리꼴레리~ 얼레리꼴레리~ 촌뜨기 왔네."

멍멍이 교실 학생들 모두가 부화뇌동(附和雷同)으로 새로 전학 온 누렁이를 따돌렸어요.

그러나 용기 있는 멋진 친구가 있었지요.

"누렁이는 내 친구야, 내 친구를 건들면 가만있지 않겠어!"

부화뇌동(附和雷同)에 흔들리지 않는 멋진 친구는 크고 날씬한 '진돗개' 였어요.

누렁이는 진돗개가 세상에서 가장 멋있는 친구라고 생각했답니다.

유래

〈예기〉에 '다른 사람의 의견을 자신의 의견인 것처럼 생각하지 말고, 다른 사람의 의견에 동조하지 말라. 옛 성현들의 행동을 모범으로 삼고, 선왕의 가르침에 따라 행동해야 한다' 라는 구절에서 유래되었다 .

한자쓰기

附	和	雷	同
8획	8획	13획	6획
附	和	雷	同

47 불요불급(不要不急)

不	要	不	急
아니 **불**	구할 **요**	아니 **불**	빠를 **급**

필요하지도 않고 급하지도 않음

태영이가 신나는 여름 방학을 맞이하였습니다. 일요일 아침이에요.

"태영아, 오늘은 외갓집에 가자꾸나."

아빠가 말씀하셨어요.

"아빠, 외갓집!"

"그래, 외할아버지 농사일을 도와드려야지."

"좋아요, 학교에서 여름방학 봉사활동을 하랬어요."

아빠가 운전하는 승용차는 채 1시간이 못돼서 외갓집에 도착했어요.

"할아버지!"

"오, 우리 외손자가 왔구나."

"예, 할아버지 일손돕기 하러 왔어요."

"일손돕기……."

외할어버지는 한참동안 생각하시더니

"지금 황서방이 우리 집 일손돕기 하러 온 것은 불요불급(不要不急)한 일이네. 지금 해야할 일은 없거든. 모처럼 태영이가 왔으니 시원한 수박이나 실컷 들고 가게."

태영이와 아버지가 외갓집에 간 일은 불요불급(不要不急)한 일이었답니다

유래

옛날 조선 선조 때의 일이다. 송강 정철이 사색당파 싸움에 휘말려 귀향살이를 하게 되었습니다. 많은 사람들이 정철의 글솜씨와 됨됨이에 애석하게 생각하여 유배지를 찾았습니다. 저마다 위로한답시고 옷과 떡을 가지고 와서 선물을 놓고 갈 때 정철은 이 모든 것들은 나에게는 불요불급한 물건들이네. 나에게는 붓과 먹, 종이가 필요하다는 데서 유래되었습니다.

한자쓰기

不	要	不	急
4획	9획	4획	9획
不	要	不	急

48 빈자일등(貧者一燈)

貧	者	一	燈
가난할 **빈**	놈 **자**	한 **일**	등불 **등**

가난한 사람의 등불 하나라는 뜻

온 세상이 꽁꽁 얼어붙은 크리스마스 아침이었어요.

'땡~ 땡~ 땡~'

탄일종이 은은하게 멀리 멀리 퍼지고 있었지요.

"콜록, 콜록, 콜록"

할머니의 기침소리가 방 안에 가득 채워지고 있어요.

"하나님! 우리 불쌍한 할머니를 도와주셔요. 그리고 나보다 가난한 어린이들에게도 따뜻한 사랑을 주셔요."

소녀는 무릎을 꿇고 간절히 기도를 하고 있어요.

"오, 마음 착한 소녀에게 복을 내릴 지어다."

어디선가 음성이 들렸어요.

"영란아, 이 할머니는 괜찮단다."

하시면서 할머니가 일어나셨어요.

"딩동딩동. 털옷 소포요."

문 밖에서 우체부 아저씨의 목소리가 들려왔어요.

가난한 소녀의 기도를 들었나 봐요. 빈자일등(貧者一燈)에게 주는 따뜻한 사랑의 선물이 찾아왔답니다.

유래

왕이 부처에게 바친 백 개의 등은 밤 사이에 다 꺼졌지만, 가난한 노파 난타(難陀)가 정성으로 바친 하나의 등은 꺼지지 않았다는 이야기에서 유래한다. 빈자일등의 정성이 세상을 따뜻하게 만든다는 뜻으로도 사용됩니다.

한자쓰기

貧	者	一	燈
11획	9획	1획	16획
貧	者	一	燈

49 | 맹모삼천(孟母三遷)

孟	母	三	遷
맏 **맹**	어미 **모**	석 **삼**	옮길 **천**

맹자의 어머니가 세 번 집을 옮겼다는 뜻,
교육에서 환경이 매우 중요함

어린 맹자가 상여집 옆에서 살았어요.

"아이고~ 아이고~"

아주 슬프게 울고 있었지요.

"맹자야, 어찌 슬프게 울고 있느냐?"

"저 사람들이 울어서 나도 따라 울었어요."

안 되겠다 싶어 어머니는 상여집 근처에서 시장으로 이사를 했어요.

"엿 사시오, 엿들 사. 울릉도 호박엿이오."

"아니, 우리 아들이 엿장사가 되다니?"

어머니는 깊은 생각 끝에 마지막으로 서당 옆으로 이사를 했어요.

"하늘 천, 따 지, 검을 현, 누루 황, 집 우, 집 주……"

어머니는 아들의 책 읽는 소리를 들었어요.

"얼씨구 좋구나! 지화자 좋다. 서당 옆으로 이사 오기를 참 잘 했구나."

어머니가 기분이 좋아서 덩실덩실 춤을 추었어요.

맹자는 **맹모삼천(孟母三遷)**으로 유교를 완성시킨 성인이 되었답니다.

유래

맹자가 어렸을 때 묘지 가까이 살았더니 장사 지내는 흉내를 내기에, 맹자 어머니가 집을 시장 근처로 옮겼더니 이번에는 물건 파는 흉내를 내므로, 다시 글방이 있는 곳으로 옮겨 공부를 시켰다. 즉, 맹자의 어머니는 아들을 가르치기 위하여 세 번이나 이사를 하였다는 데서 유래되었다.

한자쓰기

孟	母	三	遷
8획	5획	3획	15획
孟	母	三	遷

50 목인석심(木人石心)

木	人	石	心
나무 목	사람 인	돌 석	마음 심

의지가 굳어 어떠한 유혹에도 마음이 흔들리지 않음

주은이와 하서는 한 마을에 사는 다정한 친구예요.

주은이는 책 읽는 것을 좋아했고 하서는 게임하는 것을 좋아했지요.

좋아하는 놀이는 달랐지만 여행은 똑같이 좋아했어요.

어느 날, 둘이는 여행을 떠났어요.

자동차가 씽씽 지나가고 불빛이 번쩍거리고 있어요.

"주은아, 저기 게임방이다 들어가자."

"싫어, 저쪽 도서관에 가자."

"주은아. 한 번만 가보자."

"싫어, 도서관에서 책을 읽자."

"주은이 너는 정말 목인석심(木人石心)이다."

"하서야, 목인석심(木人石心)이 무슨 말이야?"

"너처럼 한번 마음에 정하면 끝까지 흔들리지 않는 사람을 목인석심(木人石心)이라고 하지."

주은이와 하서는 손을 꼭 잡고 도서관에 갔답니다.

유래

서진(西晋) 때 하통은 학문이 깊고 다재다능한 데다 달변이어서 강남에서 이름을 떨치고 있었다. 그의 재능을 아깝게 여긴 주변사람들이 벼슬을 권했지만 세속적인 명리에 초연한 그는 '나무로 만든 사람의 돌로 만든 마음'으로 들은 척도 하지 않았다는 데에서 유래되었다.

한자쓰기

木	人	石	心
4획	2획	5획	4획
木	人	石	心

51 속수무책(束手無策)

束	手	無	策
묶을 속	손 수	없을 무	채찍 책

손을 묶인 듯이 어찌 할 방책이 없어 꼼짝 못하게 됨

I

어느 날, 거북이와 토끼가 숲 속으로 소풍을 갔어요.

그때 바람이 불어와 토끼의 모자를 가져갔어요.

"어? 내 모자!"

모자는 높은 나뭇가지에 걸려 대롱대롱 매달려 있었어요.

"토끼야, 내가 도와줄게."

거북은 나무를 흔들어보았지만 모자는 떨어지지 않았어요.

"어쩔 수 없지. 내가 나무 위로 올라가서 모자를 가져올게."

"아니야, 거북아! 저렇게 높은 나무 위에 올라가는 것은 너무 위험해."

"괜찮아. 조심해서 올라가면 돼."

토끼가 말렸지만 거북은 토끼를 도와주고 싶어 나무에 올라가기 시작했어요.

"거북아! 괜찮아?"

"응, 괜찮아. 아래만 안 보면 돼. 영차 영차."

거북은 모자 있는 곳까지 올라갔어요.

"우와, 찾았다. 토끼야, 이 모자 받아."

"고마워. 거북아, 조심해서 내려와야 해."

그때 아래를 쳐다 본 거북은 겁을 먹기 시작했어요.

"어? 토끼야. 무서워서 못 내려가겠어. 어떡하지?"

토끼는 거북을 보고도 속수무책(束手無策)이었어요.

"거북아, 나도 어찌할 도리가 없어. 도와주세요! 도와주세요!"

이 소리를 들은 원숭이가 나무를 타며 나타났어요.

"왜 그래? 무슨 일이야."

"원숭아. 내 친구 거북이가 나무에서 못 내려오고 있어. 도와줘."

원숭이는 거북을 내려주었어요.

"다음부터는 높은 곳에 올라가면 안돼."

"응 알았어. 다시는 높은 곳에 안 올라 갈거야. 고마워."

토끼와 거북은 준비해 온 음식을 원숭이와 함께 맛있게 나눠 먹었답니다.

Ⅱ

연방죽나라 생물들의 묘기 대행진이 열리고 있었어요.

"첫 번째 순서는 방아깨비 묘기!"

청개구리 사회자의 안내로 방아깨비가 궁더쿵 궁더쿵 땅개비를 등에 업고 묘기를 보였어요.

"다음에는 물장구"

"다음에는 잠자리비행기 쇼"

"다음에는 물거미의 그네타기"

"다음에는 소금쟁이 수상스키"

"다음에는 굼벵이 재주넘기"

사회자, 청개구리의 다음 다음 다음이 끝이 없고 연방죽나라 두꺼비 임금님이 너무 좋아해요.

"마지막 묘기대행진을 보여주겠습니다."

개골개골 청개구리가 방귀쟁이 뽕뽕이, 빵빵이 형제를 소개했어요.

뽕뽕이 형제를 잘아는 노랑나비가 벌써부터 코를 막고 있네요.

방귀쟁이의 묘기가 시작됐어요.

"뽕뽕 빵빵 뽕뽕뽕 빵빵빵 재주 넘고 빵 뽕 한 번 뛰고 빵빵 뽕뽕 물구나무 서서 빵 빵빵 뽕뽕뽕 엎드려서 빵빵 뽕뽕 ……"

"우하하하하, 정말 속수무책(束手無策)이로구나."

두꺼비 임금님이 도저히 말리지 못하고 웃음보를 터트리고 말았어요.

당연히 그 날의 묘기대행진 대상은 뽕뽕이, 빵빵이 형제에게 돌아갔답니다.

유래

속수무책(束手無策)은 본래 『집이기(集異記)』라는 책에 나오는 말로, 원전에는 공수무조(拱手無措)라고 나온다. 공수(拱手)란 두 손을 맞잡거나 팔짱을 끼는 것을 말해 손을 묶는다는 뜻의 속수(束手)로 바뀌었고, 무조(無措)는 조치나 계책이 없다는 뜻으로 무책(無策)으로 바뀌어, 속수무책이라는 말로 널리 쓰이고 있다.

한자쓰기

束	手	無	策
7획	4획	12획	12획
束	手	無	策

52 무용지용(無用之用)

無	用	之	用
없을 **무**	쓸 **용**	어조사 **지**	쓸 **용**

언뜻 보기에 쓸모없는 것이 오히려 큰 구실을 함

두메산골에 두부장수가 지나가고 있었어요.

"두부장수 아저씨!"

어디서 두부장수를 부르는 소리가 들렸어요.

"저를 보세요. 저는 물새알처럼 멋진 차돌이에요."

바닷가에 있는 차돌이 예쁜 얼굴을 자랑하네요.

"두부장수 아저씨, 저를 보세요. 저는 커다란 집에 주춧돌로 쓰이는 튼튼한 대리석 이랍니다."

대리석 옆에 있는 옥돌이 말했어요.

"저는 옥돌이에요. 공주님 가락지에 박히는 예쁜 돌이에요."

돌들은 서로 자기가 더 멋지다고 자랑을 했어요.

그런데 뭉치 돌은 아무 말 없이 조용히 앉아 있었어요.

"거, 돌 한 번 튼실하다."

아무도 거들떠보지 않는 뭉치 돌에게 두부장수가 말했어요.

"예, 두부장수님. 저는 다른 돌들처럼 멋지지는 않지만 아주 튼실하지요."

"그려, 두부 만드는 맷돌은 튼실한 게 최고지."

"예, 그래요."

"두부장수님! 다른 사람이 보기에는 쓸모없어 보이지만 꼭 큰일을 이루고 싶었거든요."

맷돌은 곧바로 두부장수에게 무용지용(無用之用)으로 들어갔으나 오늘도 김이 무럭무럭 나는 콩두부를 만들어 내고 있답니다.

유래

공자가 초나라에 갔을 때 광접여로부터 '사람은 모두 유용(有用)의 용(用)만을 알고, 무용(無用)의 용을 모른다'는 말을 들었다는 데에서 유래되었다

한자쓰기

53 묵자비염(墨子悲染)

墨	子	悲	染
먹 **묵**	임 **자**	슬플 **비**	물들일 **염**

묵자가 물들이는 것을 슬퍼한다는 뜻으로,
사람은 습관에 따라 성품이 결정됨

숲 속 진달래 마을 학교 공부시간이에요.

"여기, 맛있는 왕사탕이 있어요."

"선생님! 먹고 싶어요."

"저도요, 저도요."

아이들은 선생님이 보인 왕사탕이 먹고 싶다고 졸랐어요.

"그럼, 선생님이 잠깐 교무실에 다녀 올 때까지 참고 기다리면 사탕을 줄게요."

"네, 알겠습니다."

선생님이 나가시자 아이들은 왕사탕이 먹고 싶었어요.

"얘들아, 우리 선생님 몰래 왕사탕을 다 먹자."

"좋아, 좋아."

친구들은 모두 왕사탕을 먹어 버렸어요.

하지만 예강이는 왕사탕이 먹고 싶었지만 꾹 참았어요.

'먹고 싶지만 선생님과 약속을 지켜야 해.'

잠시 후 선생님이 돌아 오셨어요.

"얘들아, 너희들이 사탕을 다 먹을 때 참고 기다린 예강이에게 박수를 쳐주자."

친구들은 박수를 쳐주었어요.

"파란 물감에 물들이면 파란색, 노란 물감에 물들이면 노란색이 되는 것처럼 우리들의 마음도 똑같단다."

선생님께서는 사람은 습관에 따라 그 성품의 좋고 나쁨이 결정된다는 묵자비염(墨子悲染)에 대해 설명해 주셨어요. 아이들은 그제서야 고개를 끄덕였답니다.

유래

묵자가 염색하는 사람을 보고 "파란 물감에 물들이면 파란색, 노란 물감에 물들이면 노란색이 되는구나. 이렇게 물감에 따라 실의 색깔도 변하여 매번 다른 색깔을 만드니 물들이는 일이란 참으로 조심해야 할 일이다. 사람이나 나라도 이와 같아 물들이는 방법에 따라 흥하기도 하고 망하기도 하는 것이다"라고 한 데에서 유래되었다.

한자쓰기

墨	子	悲	染
15획	3획	12획	9획
墨	子	悲	染

54 | 문전성시(門前成市)

門	前	成	市
문 문	앞 전	이룰 성	시가 시

대문 앞에 많은 사람들이 모여 듦

구시장에서 온돌네와 한돌네가 국밥을 팔고 있어요.

5일장이 서는 날이었어요.

많은 사람들이 온돌네 집을 지나가고 있을 때예요.

"어서 오세요. 따끈한 국밥 드시고 가세요."

온돌 어머니가 상냥스럽게 활짝 웃는 얼굴로 손님을 맞이하네요.

사람들이 한돌네 집 앞도 지나가고 있어요.

그렇지만 그 음식점에서는 손님을 맞이하는 사람이 없었어요.

"이 집 장사하는 집인가?"

왔던 손님들이 얼굴만 내밀었다가 돌아가지요.

온돌식당은 친절만점에 김이 모락모락 솟는 맛좋은 국밥으로 늘 문전성시(門前成市)를 이루고 있고요.

'온돌네 집은 가게 앞에 사람들이 저렇게 많은데, 도대체 우리 집은 왜 손님이 없는지 모르겠네.'

한돌네는 불평만 했어요.

한돌식당은 파리만 날렸답니다.

유래

전한(前漢) 말, 황제인 애제는 미소년에 빠져 국정을 돌보지 않았다. 정숭(鄭崇)이 거듭 간하다가 애제에게 미움만 사자, 조창(趙昌)이라는 아첨배가 정숭을 모함하며 "정숭의 집 문 앞이 저자를 이루고 있사오니 엄중히 문초하십시오"라고 했다는 데에서 유래되었다.

한자쓰기

55 호시탐탐(虎視眈眈)

虎	視	眈	眈
범 호	볼 시	범의 모양 탐	범의 모양 탐

범이 눈을 부릅뜨고 먹이를 노려봄

봄비가 보슬보슬 내리는 봄날이었어요.

"개골개골 아빠 밥 줘."

아기 개구리가 배가 고파 울고 있어요.

"아가야, 배가 고프다고?"

아빠 개구리는 송사리가 놀고 있는 냇가로 나왔어요.

"옳지. 저기 송사리!"

거기에는 많은 송사리들이 뛰어 놀고 있었어요.

"저 송사리 맛 좋겠다."

개구리가 살금살금 기어와 송사리를 노려보고 있어요.

개구리가 송사리 목숨을 **호시탐탐(虎視耽耽)** 노리고 있는데

개구리보다 힘센 꽃뱀이 개구리를 보았어요.

"옳지 잘됐다. 배고픈 참에……."

이번에는 꽃뱀이 개구리 목숨을 **호시탐탐(虎視耽耽)** 노리고 있었답니다.

유래

'거꾸로 길러지는 것도 길하다. 호시탐탐하여 그 욕심을 쫓아가면 허물이 없다' 라는 구절에서 유래한다.

한자쓰기

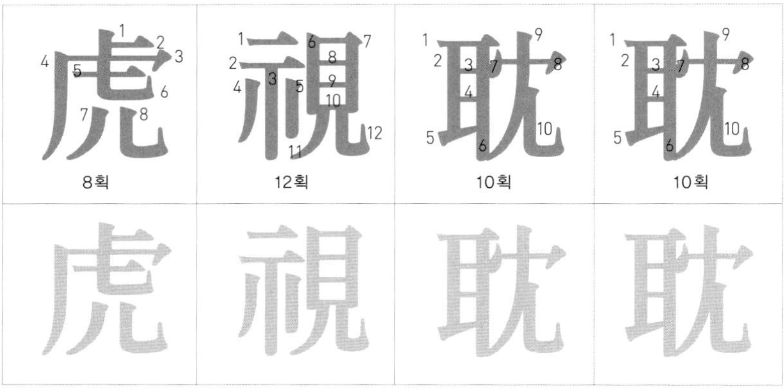

56 형설지공(螢雪之功)

螢	雪	之	功
반딧불 **형**	눈 **설**	어조사 **지**	공 **공**

가난한 사람이 반딧불과 눈빛으로 글을 읽음

어느 여름날 밤, 현빈이는 외할아버지 댁 원두막에 갔어요.

할아버지의 천체망원경이 어느새 밤하늘의 별자리로 향하고 있었어요.

"자, 큰 별 한 개 잡았다."

"큰 별요?"

"그래, 할아버지가 사냥한 별을 보거라."

현빈이 눈이 천체망원경으로 찰싹 붙었어요.

"와, 저 별이 무슨 별이에요?"

"그 별이 제일 밝은 북극성이란다."

그때였어요.

"반딧불이다!"

갑자기 원두막으로 날아온 반딧불을 보고 현빈이가 소리쳤어요.

"할아버지가 잡아줄까?"

"예, 잡아주세요."

반딧불은 할아버지 손에 쉽게 잡히고 말았어요.

현빈이 손으로 건너간 반딧불이 손전등처럼 환한 빛을 냈어요.

"현빈아, 반딧불 밝지?"

"네, 밝아요."

"옛날 할아버지는 반딧불로도 공부하고 겨울이면 눈빛으로 책을 읽었단다."

"정말이에요?"

현빈이는 그제야 외할아버지가 **형설지공(螢雪之功)**을 세우신 어른이라 하시는 어머니 말씀을 알게 되었답니다.

유래

진나라 차윤이 반딧불을 모아 그 불빛으로 글을 읽고, 손강이 가난하여 겨울밤에는 눈빛에 비추어 글을 읽었다는 고사에서 유래되었다.

한자쓰기

57 호연지기(浩然之氣)

浩	然	之	氣
넓을 **호**	그럴 **연**	어조사 **지**	기운 **기**

맹자(孟子)의 가르침인 인격(人格)의 이상적 기상(氣象)으로,
하늘과 땅 사이에 가득 찬 넓고도 큰 원기

순택이가 야영을 떠나는 전날 밤이었어요.

"아서라. 못 보낸다. 우리 순택이가 어떤 손잔디 싸움질하는 군대에 가?"

귀가 잘 안 들리시고 눈이 어두우신 할머니가 큰 소리로 말했어요.

"어머니, 순택이가 군인가는 게 아니고 야영훈련가요."

아버지는 가는귀먹은 할머니에게 더 큰소리로 외치고 있어요.

"군인 안 간다고."

"예, 군대에 가는 것이 아니라 호연지기(浩然之氣)를 길러주기 위해서 야영 간다고요."

"호연지기가 군대장 이름여?"

"아니예요. 어머니 좋은 말이예요."

"호연지기(浩然之氣)가 무어다냐?"

"예, 호연지기(浩然之氣)는 사람됨을 배우는 하늘과 땅의 기운을 받는 것이지요. 아시겠어요."

"그려, 그려, 그려 순택이 야영훈련 보내라."

그래서 3대 독자 순택이가 야영훈련을 떠나게 되었답니다.

유래

맹자는 '기'를 통일적 의지와 상호 보충되는 도덕적 실천력의 문제로 다루고 '기'는 도의(道義)와 조화됨으로써 의기당당한 활동이 가능하다 하였다. 지정의(知情意)와 더불어 총체적 · 자발적으로 도의를 실현하는 기상으로 '기'를 기를 것을 주장하여, 그 이상적 상태를 '그(浩然)의 기야말로 지대지강(至大至剛)하며, 바르게(直) 길러(養) 손상함(害)이 없다면, 하늘과 땅 사이에 충만(塞)한다'고 표현했다.

한자쓰기

58 금란지교(金蘭之交)

金	蘭	之	交
쇠 **금**	난초 **란**	어조사 **지**	사귈 **교**

다정한 친구 사이에 정의(情義)나 교제(交際)

'청군 이겨라', '백군 이겨라'

응원소리가 운동장에 가득차오르고 있었지요.

용철이, 영만이 두 다정한 친구가 달리기 장에 나왔어요.

"탕" 소리와 함께 두 친구는 힘껏 달렸어요.

달리기 선수인 용철이가 1등을 해서 공책을 세 권이나 받았어요.

"영만아, 이 공책 너 한 권 줄께."

"괜찮아, 네가 받은 상인데."

용철이가 1등으로 받은 공책을 영만이에게 주었어요.

수학시험 날이에요.

"영만아 이 문제 좀 풀어줘. 나는 수학이 어렵더라구."

"응, 문제는 이렇게 풀면 쉽지."

수학을 잘하는 영만이가 운동을 잘하는 용철이에게 문제 하나하나를 다정하게 풀어주었어요. 그 날, 용철이 수학점수가 높아진 것을 보고

"참으로 금란지교(金蘭之交)의 우정이로구나!"

선생님의 칭찬하시는 목소리에 두 친구가 어깨동무하며 활짝 웃었답니다.

유래

'금란지교(金蘭之交)' 의 유래(由來)는 공자가 "군자의 도는 나가 벼슬하고, 물러나 집에 있으며, 혹은 침묵을 지키지만, 혹은 크게 말함에 있는데. 두 사람이 마음을 하나로 하면 그 날카로움이 쇠를 끊고 마음을 하나로 하여 말하면 그 향기가 난초와 같다"라고 한데서 유래되었다. 그 예문(例文)으로는 그 친구와의 오랜 우정은 믿음을 바탕으로 한 금란지교(金蘭之交)에 있다. 비슷한 말로는 금석지계(金石之契), 금석지교(金石之交), 단금지계(斷金之契)가 있고, 이 말이 들어있는 책은 중국 『역경(易經)』과 『계사전(繫辭傳)』에 있다.

한자쓰기

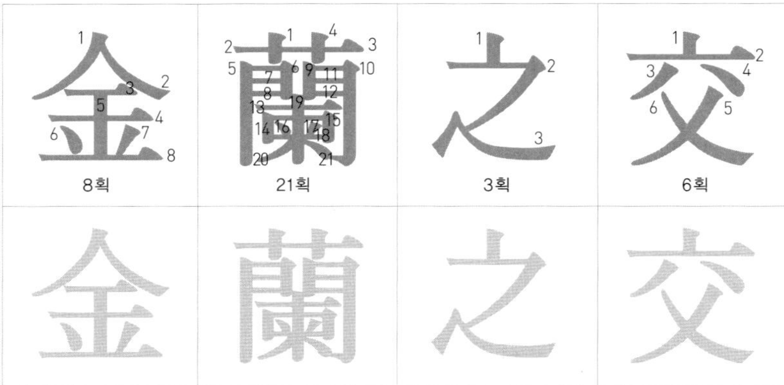

59 여호모피(與虎謨皮)

與	虎	謨	皮
더불어 **여**	범 **호**	꾀할 **모**	가죽 **피**

여우(호랑이)가 여우(호랑이) 가죽을 구할 일을 도모한다는 뜻으로 근본적으로 이룰 수 없는 일

옹달샘이 있는 깊은 산 속에서 다람쥐와 원숭이가 서로 재주를 자랑하고 있었어요.

"얏, 불이다."

원숭이가 소리쳤지요. 나무꾼의 잘못으로 산불이 나고 말았던 거예요.

나무를 잘 타는 다람쥐와 원숭이가 불을 피해 나무 꼭대기로 올라갔어요.

"아이고, 배고파."

나무꼭대기에서 원숭이가 꾀를 냈어요.

"다람쥐야."

"왜?"

"너, 저기 보이지? 밤이 불에 타고 있지? 너는 몸이 빠르니 괜찮을 거야. 알밤 좀 가져와."

"싫다. 불에 타 죽으면 어쩌고?"

이번에는 다람쥐가 꾀를 부렸어요.

"원숭아, 너 저기 연못 보이지?"

"그래, 보여."

"그럼, 네 몸에 물을 묻혀다 불을 꺼 밤을 가져와."

"싫다. 물에 빠져 죽으면 어쩌고?"

이 둘을 보고 있던 산비둘기가 말했어요.

"구구구, 놀고들 있네요. 여호모피(與虎謨皮)로군요."

다람이와 원숭이는 이룰 수 없는 것을 가지고 티격태격 싸우고 있었답니다.

유래

원래 호(孤 ; 여우)였는데 후에 호(虎 ; 호랑이)로 바뀌었다. 주(周)나라 때 좌구명이 '어떤 사나이가 좋은 갑옷을 만들기 위해 여우(호랑이)에게 가죽을 벗어내라 하고, 맛있는 음식을 먹기 위해 양에게 고기를 썰어내라고 했다'는 우화를 인용하여 공자를 천거했다는 데에서 유래되었다.

한자쓰기

與	虎	謨	皮
13획	8획	18획	5획
與	虎	謨	皮

60 연목구어(緣木求魚)

緣	木	求	魚
인연 **연**	나무 **목**	구할 **구**	고기 **어**

나무에 올라가 고기를 얻으려고 함.
목적과 수단이 맞지 않아 불가능한 일

새 학년 꿈나무 교실에서 아이들은 선생님과 꿈 이야기를 하고 있었어요.

"귀동이는 커서 꿈이 뭐지요?"

"판사요."

"왜 판사가 되고 싶니?"

"저는 운동선수가 되고 싶은데 아버지가 판사가 되라고 했어요."

"그럼. 하진이는 커서 어떤 사람이 되고 싶니?"

"저는 의사 선생님이 될 거예요."

"그래, 훌륭한 의사 선생님이 된다는 것 참 좋은 생각이네요."

"나리는?"

"피아니스트요."

"이름난 피아니스트가 되면 정말 좋겠다."

어느덧 10년이 지나 꿈나무반 친구들과 선생님이 모두 한자리에 모이게 되었어요.

그런데 귀동이가 보이지 않는 거예요.

"왜 귀동이가 안 보이니?"

"예, 선생님, 귀동이가 이번에도 사법시험에 또 떨어졌대요."

의사 선생님이 된 하진이가 말했어요.

"아니 사법시험을 세 번이나? 결국 귀동이는 연목구어(緣木求魚)가 된 셈이구나."

귀동이의 꿈은 운동선수인데 아버지 욕심 때문에 꿈을 펼치지 못하는 것이 안타까웠답니다.

유래

맹자가 제나라 선왕과의 무력과 책략을 수단으로 하는 패도정치(覇道政治)에 대한 문답에서 맹자는 "천하통일을 하시고 사방의 오랑캐들까지 복종케 하시려는 것을 무력으로 이루려 한다면 나무에 올라 물고기를 구하는 것입니다"라며 왕도정치를 천명한 데에서 유래되었다.

한자쓰기

緣	木	求	魚
14획	4획	6획	11획
緣	木	求	魚

61 용두사미(龍頭蛇尾)

龍	頭	蛇	尾
용 룡	머리 두	뱀 사	꼬리 미

용 머리에 뱀의 꼬리란 말로
시작은 그럴 듯하나 마무리는 흐지부지함

금강호에 있는 오리교실이에요.

"꽥꽥꽥꽥"

먼 나라에서 찾아온 오리들이 놀고 있어요.

땡땡땡 시작종이 울렸어요.

백조 선생님이 출석을 부르고 있네요.

"청둥오리?"

"네."

"가창오리?"

"네."

"도요새?"

"네."

"딱따구리?"

"네."

"좋아요. 빠지지 않고 모두 나와서…… 자, 오늘부터는 매일 1시간씩 발성연습을 하여 고운 목소리를 내기로 해요."

"연습을 잘해서 제일 아름다운 소리를 내야지."

모두들 굳게 마음먹었지요.

"꽥꽥꽥꽥꽥 꽥꽥꽥꽥꽥"

처음에는 오리들마다 고운 목소리를 내기 위하여 열심히 연습을 하고 있어요.

그러나 목이 너무나 아파오고 있어요.

청둥오리는 한 시간, 딱따구리도 한 시간, 가창오리는 두 시간도 못돼 연습을 중단하고 말았어요.

굳게 마음먹은 것이 용두사미(龍頭蛇尾)가 되고 말았지 뭐예요.

그렇지만 도요새만은 목이 아픈 것을 참고 이겨내

"도 요 요~ 도 요 요~"

고운 목소리로 노래를 불렀답니다.

유래

어느 날 진존숙이 어느 중에게 화두를 던지자 갑자기 상대방이 '으악' 하고 큰 소리를 치고 나왔다. 다음에도 마찬가지여서 상대를 살펴 보니 상당한 수양을 쌓은 것 같았지만 어쩐지 수상한 구석도 엿보였다. '참으로 도를 깨친 것 같지는 않은 것 같구나. 용의 머리에 뱀의 꼬리가 아닐까 의심스럽군' 이라고 생각했는데, 아니나 다를까 다음 질문에 뱀 꼬리를 내밀듯 답변을 피했다는 데에서 유래되었다.

한자쓰기

龍	頭	蛇	尾
16획	16획	11획	7획
龍	頭	蛇	尾

62 유교무류(有教無類)

有	教	無	類
있을 **유**	가르칠 **교**	없을 **무**	무리 **류**

가르침에는 차별이 없음

"하늘 천, 따 지"

"검을 현, 누루 황"

아이들이 서당에서 천자문을 배우고 있어요.

그러나 가난한 삼돌이는 서당에 가고 싶지만 천자문을 배우지 못하지요.

"아버지! 서당 보내주세요."

"아서라. 세 끼니 밥도 못 먹는 주제에 서당은 무슨 서당!"

그렇지만 삼돌이는 공부가 너무 하고 싶어 아버지 몰래 서당에 들어갔어요.

"아이 냄새, 선생님! 삼돌이 옷에서 냄새가 나요."

아이들이 냄새 나는 옷을 입고 서당에 온 삼돌이를 싫어했어요.

그때 훈장님이 나오셨어요.

"놔 두어라. 삼돌아! 공부가 그렇게 하고 싶으냐?"

"네, 훈장님! 정말로 공부가 하고 싶어요."

"오냐. 오늘부터 서당에 나와 천자문을 배우거라."

선생님께서는 '가난한 자나 부자나 차별이 있어서는 아니된다' 는 유교무류(有敎無類) 정신으로 삼돌이를 가르치셨답니다.

유래

호향(互鄕)이란 곳은 천한 직업의 사람들이 사는 곳이었다. 어느 날 그곳에 사는 한 아이가 공자를 만나고자 하자 제자들이 돌려보내려고 했는데, 공자는 그 아이를 맞아 그가 묻는 말에 친절히 대답해주었다. 그런 후에 제자들에게 "사람들이 깨끗한 마음으로 찾아오면 그 마음만을 받아들이면 됐지, 그 사람의 과거와 행동까지 따질 것이 있느냐?"라고 말한 데에서 유래되었다.

한자쓰기

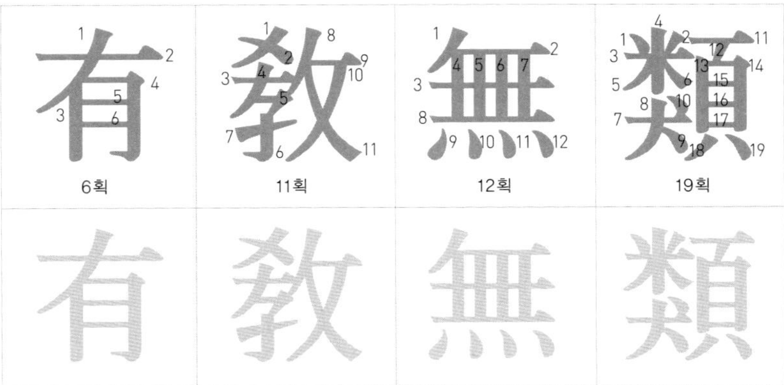

63 겸양지덕(謙讓之德)

謙	讓	之	德
겸손할 **겸**	사양할 **양**	갈 **지**	덕 **덕**

겸손하고 사양하는 미덕

숲 속 마을에 예쁜 꽃들이 살고 있었어요.

민들레꽃은 언제나 웃고 있었고, 맨드라미는 언제나 찌푸린 얼굴이었지요.

어느 날, 하얀 나비가 꽃밭에 놀러왔어요.

"민들레 꽃님! 안녕하세요? 민들레 꽃님은 언제나 웃어주어서 저도 기분이 좋아져요."

옆에 있던 꿀벌이 말했어요.

"맞아요. 민들레 꽃님은 언제나 활짝 웃어주어서 저도 함께 있고 싶어요."

이 모습을 지켜보던 맨드라미가 말했어요.

"칫, 민들레보다 내가 더 예쁘잖아요."

"그래도 우리는 민들레가 더 좋은걸요."

맨드라미는 속상해서 과꽃 할머니를 찾아갔어요.

"과꽃 할머니! 숲 속 친구들은 제가 더 예쁜데 민들레만 좋아해요."

"맨드라미야! 얼굴이 예쁘다고 거만하기보다는 '겸양지덕(謙讓之德)'을 지니면 좋을 것 같구나."

"겸손한 행동을 하면 친구들이 저도 좋아할까요?"

"물론이지."

그제서야 맨드라미는 고개를 끄덕였답니다.

유래

고려 왕조의 충신 최영 장군이 오랑캐들을 무찌르고 개선가를 부르며 고려 서울인 개성으로 돌아왔을 때 신하들은 최영 장군에게 큰 벼슬을 내리도록 하였다. 그 때 최영 장군은 겸양지덕(謙讓之德)으로 큰 공을 부하들에게 돌렸다는 고사에서 유래되었다.

한자쓰기

謙	讓	之	德
17획	24획	3획	15획
謙	讓	之	德

64 대동소이(大同小異)

大	同	小	異
큰 대	같을 동	작을 소	다를 이

크게 보면 같고 작게 보면 각각 다름

밤나무골에 아롱이, 다롱이, 숭숭이, 다람쥐 3형제가 살았어요.

가을소풍을 떠나는 아침이에요.

"아롱이 형, 다롱이 형. 빨리 일어나!"

숭숭이가 형들을 깨우고 있네요.

"너희들 소풍가면서 한눈팔지 말고 잘 다녀와."

엄마 다람쥐가 싸준 도시락 가방을 메고 3형제는 가을소풍을 떠났어요.

상수리나무 밑을 지나고 있을 때였어요.

"야, 상수리다."

다롱이가 소리쳤어요.

상수리들이 여기저기서 데굴데굴 웃으면서 다람쥐 삼형제를 기쁘게 하고 있었지요.

"야, 숭숭아, 여기 도토리도 줍자."

도토리가 더 맛있다는 것을 아는 아롱이가 동생들을 부르고 있어요.

"형아, 도토리가 어떤 것이야? 다 상수리고만……."

"도토리도 몰라?"

다롱이가 상수리와 도토리 키재기를 하고 있었어요.

"하하하하 상수리와 도토리 키재기를 하네. 대동소이(大同小異)하고만."

밝은 해님이 이 모습을 보고 웃었답니다.

유래

장자는 묵가(墨家)와 법가(法家) 등이 주장하는 논점을 밝혀 비판하고 도가의 철학을 선양한 다음, 뒷 부분에 친구인 혜시(惠施)의 논리학을 소개한 후에 '크게 보면 같다가도 작게 보면 다르니 이것을 소동이(小同異)라 하고, 만물은 모두 같기도 하고 다르기도 하니 이것을 대동이(大同異)라 한다' 라고 자기 의견을 덧붙였다.

한자쓰기

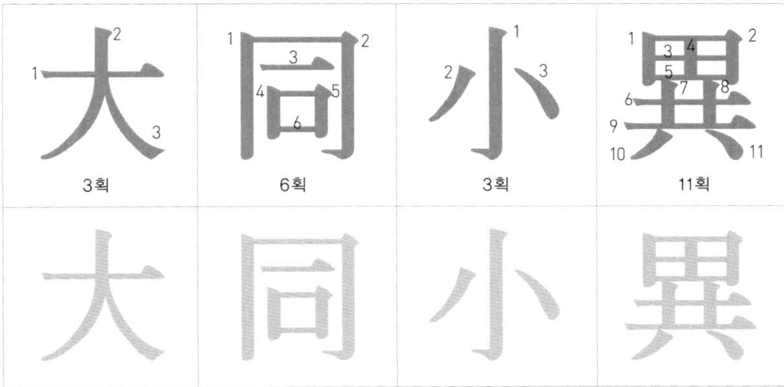

65 감지덕지(感之德之)

感	之	德	之
느낄 감	갈 지	큰 덕	갈 지

분에 넘치는 듯 싶어 매우 고맙게 여기는 모양

뜨거운 여름날 개미는 겨울에 먹을 양식을 열심히 모으고 있었어요.

그런데 여치는 기타를 튕기며 노래만 부르고 있었지요.

"여치야, 일은 안 하고 노래만 부르면 추운 겨울에 어떻게 지내려고 그래?"

"이렇게 더운데 어떻게 일을 하니? 이따가 할 거야. 너도 이리 와서 내 멋진 노래를 들으며 쉬렴."

여치는 일은 안하고 계속 노래만 불렀어요.

추운 겨울이 왔어요.

먹을 양식을 구하지 못한 여치는 춥고 배가 고팠어요.

그래서 여치는 개미를 찾아갔지요.

"개미야, 배고파. 먹을 것 좀 줘."

"어서 들어와, 옥수수가 있는데 먹을래?"

"옥수수? 감지덕지(感之德之)지. 고마워!"

여치는 개미가 준 옥수수를 고맙게 생각하며 먹었어요.

"개미야, 정말 고마워! 내가 노래를 불러줄게."

"응! 너는 노래를 정말 잘하는 것 같아. 나도 너처럼 노래를 잘 부르고 싶어."

"그럼, 내가 노래를 가르쳐줄게."

"고마워, 여치야."

개미와 여치는 노래를 부르며 추운 겨울을 따뜻하게 보냈답니다.

유래

조선 선조임금 때는 사색당파 싸움으로 매우 어려운 때이다. 일본을 통일한 토요토미 헤데요시(풍신수길)가 임진왜란을 일으켜 선조임금은 피난을 가게 된다. 전쟁중이라 고기 같지도 않은 도로묵을 감지덕지(感之德之)로 알고 요리해 먹었다는 데서 유래되었다.

한자쓰기

感	之	德	之
13획	3획	15획	3획
感	之	德	之

66 | 거안사위(居安思危)

居	安	思	危
거주할 **거**	편안할 **안**	생각할 **사**	위태로울 **위**

편안할 때 위태로움을 생각함

왕버들 개미나라는 아주 평화로운 나라예요.

그런데 갑자기

"백성 여러분! 지금 개미나라는 평화롭게 잘 살고 있습니다. 그러나 이웃 불개미들이 언제 침략할지 모르니 만리장성을 쌓아야 합니다. 모든 백성은 모두 나와 주시기 바랍니다."

여왕개미의 새해 첫 인사가 온 나라에 쩌렁쩌렁 울려 퍼지고 있어요.

"평화로운 나라에 무슨 만리장성?"

"아니지, 저 쪽 미루나무 불개미들을 생각하면서 성을 쌓아야지."

이처럼 백성들의 생각들이 둘로 나누어졌어요.

그렇지만 여왕개미의 말을 거역할 수 없었어요.

"영차영차"

일개미들이 힘을 합쳐 돌을 나르고 성벽을 쌓았어요.

찔레꽃이 피는 유월이었어요. 갑자기 미루나무 불개미들이 몰려오고 있었어요.

그러나 왕버들 일개미들은 새로 쌓은 성벽 위에서 불개미들을 물리쳤어요.

왕버들 개미나라는 여왕개미의 거안사위(居安思危) 덕택으로 다시 평화롭게 잘 살 수 있었답니다.

유래

춘추전국시대에 정나라가 초나라의 침략을 받자 진나라는 11개국의 제후를 설득하여 정나라를 도왔고 마침내 승리를 거뒀다. 강화 후 정나라가 진나라의 은혜를 감사하여 전차를 비롯한 많은 사례품을 보내오자 진나라 왕 도공은 사례품의 반을 싸움의 큰 공을 충신 위강에게 주면서 그의 공을 치하하고 위로하였다. 위강은 "생활이 편안하면 위험을 생각하고 생각하면 준비를 갖추어야 화를 면할 수 있다" (거안사위사측유비 유비무환 居安思危思則有備 有備無患)하는 이치를 받아들이시기 바랍니다"하고 왕에게 아뢰고 세 번이나 사양한 다음에야 겨우 하사품을 받았다.

한자쓰기

居	安	思	危
8획	6획	9획	6획
居	安	思	危

67 내조지공(內助之功)

內	助	之	功
안 **내**	도울 **조**	어조사 **지**	공드릴 **공**

아내가 남편을 잘 도와 성공의 기틀이 됨

나리네 집에 겹경사가 났어요.

"와, 우리 아빠! 합격이다."

초등학교에 들어가는 나리가 피아노 경연대회에서 1등을 했다는 방송이 나왔는데, 오늘 아침 아버지가 사법시험에 합격했다는 연락이 왔거든요.

행복한 나리네는 어제까지만 해도 너무너무 어렵게 살았어요. 아버지가 명문대학교를 나온 뒤 사법시험에 응시했다가 매번 떨어졌기 때문이죠.

아버지의 마지막 사법시험을 보는 전날 밤이었어요.

"여보, 나 그만 둘까봐."

"뭐라고요?"

"아무래도 자신이 없어요. 그리고 공부만 한다는 것이 당신한테 너무 미안하오."

"여보, 7전 8기란 말도 모르세요?"

"그래도……."

"용기를 내요. 내가 공장 일을 해서라도 아이들 문제는 내가 모두 알아서 할테니 당신은 공부에만 전념하세요."

부인은 간곡하게 부탁했어요. 결국 아버지는 나리 어머니의 내조지공(內助之功)으로 사법고시에 합격하셨고 행복한 가장이 되었답니다.

유래

위나라 문제(文帝) 조비(曹丕)의 비, 곽씨는 군의 장관인 곽영의 딸로 어려서부터 남달리 똑똑하였는데 곽영이"내 딸은 여자 중의 왕이다" 라 말할 정도였다 그런데 조비가 견후를 폐하고 곽씨를 황후로 삼으려하자 중랑인 잔잠이 상소를 올려 "옛날의 제왕이 세상을 잘 다스린 것은 재상과 같이 정사를 공식적으로 보좌한 사람이 있을 뿐만 아니라 안에서 아내의 도움(내조지공 內助之功)이 있었기 때문입니다. 그러나 곽씨를 황후로 세우는 일은 아랫사람이 윗사람을 누르는 것이어서 질서를 어지럽히게 되어 나라가 어지러워지는 원인이 될 것입니다"라고 충언했다.

한자쓰기

68 부중지어(釜中之魚)

釜	中	之	魚
솥 **부**	가운데 **중**	어조사 **지**	물고기 **어**

삶아지는 것도 모르고 솥 안에서 헤엄치는 물고기,
즉 죽음에 이르렀다는 말

고양이 나라예요.

임금님의 외갓집 형들인 검은 고양이 악돌이 형제가 온갖 못된 짓을 다 하고 있었어요.

충신인 하얀 고양이가 임금님께 고했지요.

"임금님, 악돌이 형제를 파직해야 합니다."

"뭣이라고? 내 외갓집 형들을?"

"네, 그렇습니다."

"그럴 수 없다. 내 형들을 모함하는 선돌이를 저 도둑소굴로 귀양 보내거라."

오히려 충신 선돌이가 도둑소굴로 귀향을 가게 되었지요.

길에서 도둑소굴 대장과 그 졸개들을 만났어요.

"너희들이 도둑들이냐?"

"넌 누구냐!"

"난 너희들 사는 곳으로 귀향 오는 충신 선돌이다. 너희에게 명하노니 개과천선하여라."

이에 도둑대장이 그 앞에 무릎을 꿇으며

"저희들의 목숨은 부중지어(釜中之魚)입니다. 용서하십시오."

선돌이는 도둑들을 새 사람으로 만든 용기 있는 충성스런 신하가 되었답니다.

유래

후한시대 외척인 양기 형제의 횡포가 극에 달하자 장강은 그들을 상소하는 상소를 올렸다가 도둑의 소굴인 광릉군으로 좌천당한다. 두목 장영과 도둑을 만난 자리에서 그는 인간의 도리와 사물의 이치를 말하며 투항하여 개과천선할 것을 진심으로 종용하였다. 그러자 장영은 그의 용기와 열정에 감명받아 "저희들이 목숨을 오래오래 보존할지라도 그것은 물고기가 솥 안에 있는 것과 마찬가지입니다. 결코 오래 지속되지 못할 것입니다" 라고 말했다.

한자쓰기

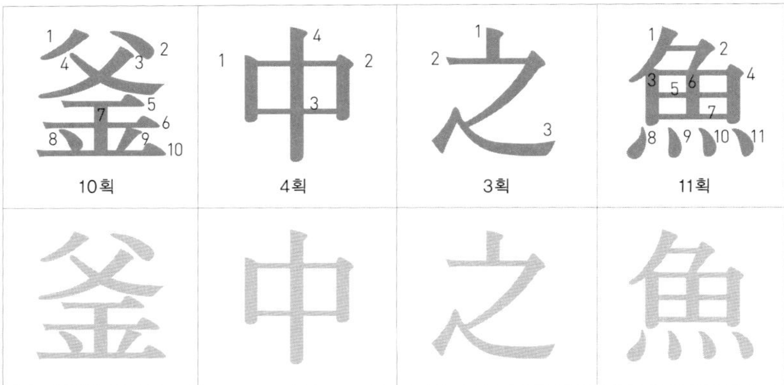

69 저수하심(低首下心)

低	首	下	心
낮을 **저**	머리 **수**	아래 **하**	마음 **심**

머리를 낮추고 마음을 아래로 향하게 함

중국 한나라에 한유라는 지사가 있었어요.

황하에서 고기잡이를 하는 어부가 지사한유에게 왔어요.

"지사님, 황하강가에 악어가 나타나 사람까지 해치고 있습니다요."

"뭐라고 사람들까지 해친다고?"

"강가 어부가 악어에게 물려……."

"그렇다면 어부는 내가 시키는 대로 악어들에게 이르거라."

"어떻게 말입니까요?"

"1주일의 여유를 줄 테니 먼 남쪽 나라로 떠나라고 공손하게 말하여라."

"지사님, 인간이 어찌 악어에게 머리를 숙이나이까?"

"그럴만한 이유가 있느니라."

어부는 다시 황하강가에 나가 큰 소리로 외쳤어요.

"악어님네들 지사님께서 1주일 여유를 줄 테니 저 남쪽나라로 떠나라 하십니다."

그때였어요.

사나운 악어들이 남쪽바다를 향해 떠나기 시작한 거예요.

한유지사의 저수하심(低首下心)이 통했답니다.

유래

당나라 중기 때 사람 유종원 등과 고문운동과 창을 했던 한유는 뛰어난 문장가일 뿐만 아니라 이부시랑(吏部侍郎)을 지낸 정치가이다. 한유는 가축은 물론 작은새들까지지도 저수하심(低首下心)으로 대하였다는 데서 유래되었다.

한자쓰기

低	首	下	心
8획	9획	3획	4획
低	首	下	心

70 함흥차사(咸興差使)

咸	興	差	使
다 **함**	일어날 **흥**	어긋날 **차**	사신 **사**

심부름 간 사람이 소식이 오랫동안 없음

긴 겨울 동장군에게 혼줄 난 봄꽃나라예요.

"아이 추워."

논두렁 제비꽃이 덜덜덜 떨고

"구름아, 저리 좀 비켜라. 추워 죽겠어."

개나리도 꽃봉오리를 움츠리고 있지요.

꽃들마다 덜덜이가 되고 있었어요.

이때 진달래 여왕이 나왔어요.

"여왕님, 지금 꽃나라 백성들이 추워서 떨고 있습니다."

"춥다고?"

"추워서 꽃을 못 피우고 있습지요."

"꽃을 못 피운다고?"

"예, 여왕님께서 남쪽나라로 사신을 보내시구려."

호랑나비가 말했어요.

"그래야지. 산바람아, 넌 남쪽나라로 가서 봄의 화신을 불러와야겠구나."

그러나 산바람이 떠난 지 며칠이 지났으나 함흥차사(咸興差使)예요.

들바람, 바닷바람도 함흥차사(咸興差使)는 마찬가지였어요.

그러나 하늘나라로 떠난 꽃바람이 해님을 모셔와 아지랑이도 만들고 꽃도 피웠답니다.

유래

조선 태조 이성계가 왕위를 물려주고 함흥에 있을 때에, 태종이 보낸 차사를 죽이거나 잡아 가두어 돌려보내지 않았다는 이야기에서 유래되었다.

한자쓰기

咸 9획	興 16획	差 10획	使 8획
咸	興	差	使

71 | 비몽사몽(非夢似夢)

非	夢	似	夢
아닐 **비**	꿈 **몽**	같을 **사**	꿈 **몽**

꿈인지 생신지 구분 못 하는 상태

갑작스런 사고로 아빠, 엄마를 잃은 아롱이와 다롱이 남매가 외할머니와 함께 산골에서 살고 있었어요.

산비탈에 진달래가 피고 외갓집 울타리에는 노란 개나리가 곱게 피었어요.

귀여운 복슬강아지가 아롱이와 다롱이를 졸졸졸 따라다녀요.

아롱이와 다롱이는 장독대 앵두꽃을 가지고 소꿉놀이를 했어요.

"아롱이 오빠! 우리 소꿉놀이 하자."

"그래, 좋아."

"오빠는 아빠, 나는 엄마야."

"으흠, 여보! 배고파요. 밥 줘요."

"네. 여기 있어요. 밥 먹어요."

다롱이가 앵두꽃을 다진 밥을 내밀었어요.

"암냠냠냠, 다 먹었으니 우리 이제 자자."

"응, 오빠"

눈을 감고 자는 척을 하던 다롱이는 엄마의 목소리를 들었어요.

"다롱아! 일어나! 엄마 왔어."

"엄마!"

"다롱아! 꿈꿨어? 엄마가 어디에 있어? 바람소리겠지."

"꿈인지 진짜인지 모르겠어. 진짜 엄마 목소리를 들은 것 같은데."

비몽사몽(非夢似夢)간에 엄마의 목소리를 듣고 다롱이는 울기 시작했어요.

"다롱아! 울지마, 오빠가 있잖아. 오빠가 엄마, 아빠처럼 널 보살펴줄게."

"응! 오빠. 이제 안 울게."

아롱이는 다롱이를 꼭 안아주었답니다.

유래

고려 태조는 고려 개국 공신 두운대사를 기리기 위해 용문사를 건립하였다. 절을 건립하면서 비몽사몽(非夢似夢)간에 큰 법당 부처가 벌겋게 달아오르는 꿈을 3번이나 되풀이 하면서 잠을 깨어 큰 사찰이 되었다는 이야기에서 유래되었다.

한자쓰기

非	夢	似	夢
8획	14획	6획	14획
非	夢	似	夢

72 반신반의(半信半疑)

半	信	半	疑
절반 **반**	믿을 **신**	절반 **반**	의심할 **의**

참과 거짓을 판단하기 어려움

초롱이와 믿음이가 다정하게 꽃밭을 걸어가고 있었어요.

"와, 꽃들 참 예쁘다!"

초롱이가 소리쳤어요.

"초롱이 너 제일 좋아하는 꽃이 무슨 꽃이야?"

"산수유"

"치, 노란 꽃이 뭐가 좋아?"

"그럼 믿음이는 무슨 꽃을 좋아하니?"

"나는 향기가 많이 나는 장미!"

"뭐, 장미라고?"

"그래."

"믿음아, 맞아. 장미는 가시가 너무 무서워."

집에 돌아온 믿음이가 초롱이 친구 말에 반신반의(半信半疑)하면서 엄마에게 물었어요.

"엄마 초롱이가 그러는데 장미는 가시가 무섭대?"

"그래, 초롱이 말이 맞아."

그 후부터 반신반의(半信半疑)가 풀린 믿음이는 초롱이처럼 산수유를 좋아하게 되었답니다.

유래

백제 31대 의자왕 때에 보조국사 의각스님이 있었다. 스님께서 반야심경을 독송하는데 벽이 뚫리고 밖이 훤히 보이는 것이었다. 이는 '반야의 부사에 의한 묘용이' 라며 대중들은 반신반의(半信半疑)하면서 서로 얼굴을 쳐다 볼 뿐 아무도 입을 열지 않았다는 데서 유래되었다.

한자쓰기

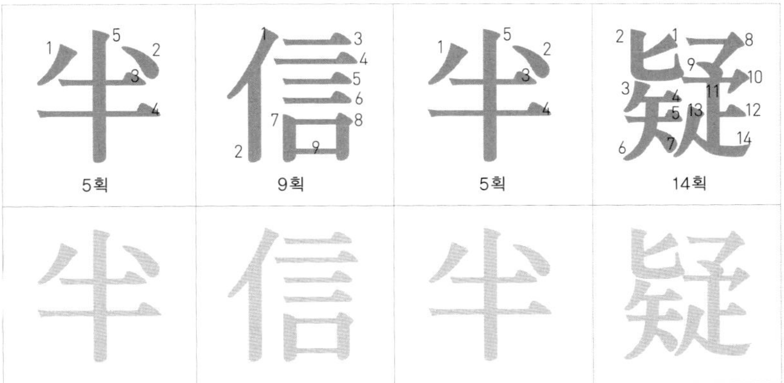

73 난형난제(難兄難弟)

難	兄	難	弟
어려운 **난**	맏 **형**	어려운 **난**	아우 **제**

두 사물이 비슷하여 분간하기 어려움

사촌간인 장문이와 효선이가 입씨름을 하고 있어요.

"우리 아버지가 더 잘한단 말이야."

"뭐라고, 우리 아버지가 힘이 더 세거든!"

"아니라니까? 우리 아빠가 빨리 달려서 너희 아빠를 이겼다고 했어."

마을 운동회에서 서로 자기네 아빠가 이겼다고 우기고 있었어요.

"힘이 약한 사람이 어떻게 운동경기에서 이길 수 있어?"

"뭐? 우리 아빠가 힘이 약하다고?"

손자들의 입씨름을 듣고 있던 할아버지가 말씀하셨어요.

"허허, 이 녀석들 보게나. 서로 자기 아빠가 최고라고 하니 난형난제(難兄難弟)로구나! 누가 더 나은지 분간하기 어렵구나."

아버지가 최고라며 싸우는 두 손자들에게 할아버지는 난형난제에 대해서 말씀해 주셨답니다.

유래

중국 한(漢)나라 진원방(陳元方)의 아들 장문(長文)과 그의 사촌, 즉 원방의 동생 계방(季方)의 아들 효선(孝先)은 서로 자기 아버지의 공덕이 더 훌륭하다고 주장하다가 결말이 나지 않자 할아버지인 진식(陳寔)에게 판정을 내려주실 것을 호소하였다. 그러자 진식은 "원방도 형 되기가 어렵고 계방도 동생 되기가 어렵다"고 대답했다고 한다.

한자쓰기

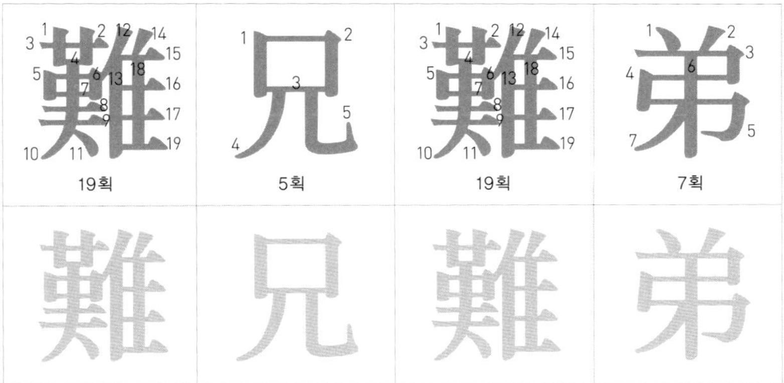

74 남가일몽(南柯一夢)

南	柯	一	夢
남녘 남	가지 가	한 일	꿈 몽

꿈과 같이 헛된 한 때의 부귀영화를 일컬음

종달새가 노래하는 푸른 5월이 돌아왔어요.

"여러분! 청보리 밭에서 새들의 노래잔치가 시작됩니다."

종달새가 말했어요.

맨 먼저 굴뚝새가 까만 옷을 차려 입고 노래를 불렀어요.

"♪ 굴뚝, 굴뚝, 굴뚝 ♬"

짹짹짹 참새도 오고, 쪼로롱 조롱새도 왔어요.

뻐꾸기가 샛노란 옷으로 단장하고 나왔어요.

"하하하, 파랑새가 하늘의 공주라고, 그럼 난 숲 속의 왕자네. 뻐꾹뻐꾹"

목소리가 어떻게 큰지 다른 새들이 모두 놀랐어요.

"구구구구구구!"

산비둘기의 노래가 마지막으로 끝났어요.

"산비둘기야. 그걸 노래라고 하니?"

뻐꾸기가 여기저기 돌아다니며 비둘기를 놀렸어요.

"뻐꾸기, 미워죽겠어. 남의 집도 빼앗는 나쁜 새야."

뻐꾸기한테 집도 새끼도 빼앗긴 비비새가 슬픈 노래를 부르고 지나갔어요.

그때였어요. 새들의 왕인 독수리가 날아와 잘난쟁이 뻐꾹새를 데려가 버렸어요.

자기만 알고 남을 모르는 뻐꾸기의 일생이 일장춘몽(一場春夢), 남가일몽(南柯一 夢)이었답니다.

유래

중국 당나라의 순우분(淳于芬)이 술에 취하여 홰나무의 남쪽으로 뻗은 가지 밑에서 잠이 들었다가 괴안국(槐安國)으로부터 영접을 받아 20년 동안 영화를 누리는 꿈을 꾸었다는 데에서 유래한 사자성어이다.

한자쓰기

南	柯	一	夢
9획	9획	1획	14획
南	柯	一	夢

75 백중지세(伯仲之勢)

伯	仲	之	勢
맏 **백**	버금 **중**	어조사 **지**	세력 **세**

힘 겨루기에서 우열을 가르기 어려움

만국기가 펄럭이는 가을운동회 날이었어요.

청군과 백군의 응원이 한창이네요.

「청군의 명예를 한몸에 모아
 당당히 싸우는 우리 청군들
 백군의 명예를 한몸에 모아
 날래고 씩씩한 우리 백군들」

"탕! 탕!"

줄다리기 신호가 울렸어요.

"청군 이겨라."

"백군 이겨라."

"영차, 영차"

줄다리기는 청군, 백군 팽팽하게 맞서서 싸웠지만 서로 수준이 비슷하여 우열을 가리기가 어려웠어요. 결국 줄다리기는 무승부로 끝나고 말았지요.

중간 성적도 500대 500이었어요. 청군, 백군은 **백중지세**(伯仲之勢)랍니다.

유래

조비는 〈전론〉에서 한(韓)나라의 대 문장가인 부의와 반고 두 사람의 문장 실력에 대해 우열을 가릴 수 없자, "문인들이 서로를 경시하는 것은 예부터 그러하였다. 부의와 반고의 실력은 백중지간이었다"라고 평했다.

한자쓰기

76 어불성설(語不成說)

語	不	成	說
말씀 **어**	아니 **불**	이룰 **성**	고할 **설**

말이 이치에 맞지 않음

"학교종이 땡땡땡 어서 모이자."

공부하는 멍멍이 학교예요. 새 학년이 되어 첫 학교 가는 길이지요.

"멍멍멍, 바둑아! 학교 가자."

"그래, 나간다."

멍멍멍 삽살이가 대답했어요.

"바둑아, 언덕배기 풍산이도 함께 가자."

"그래, 좋아."

"풍산아, 빨리 나와."

"곧 나갈게, 조금만 기다려."

멍멍이 셋이서 걸어가는 학교 길에 해님이 방긋 웃고 있어요.

멍멍이 셋이 교실에 들어갔어요.

"멍멍이들 안녕?"

"네, 멍멍이 선생님도 안녕하세요."

인사가 끝나고 막 공부를 시작할 때였어요.

진도에서 새로 전학 온 진돌이가 출입문을 열고 들어왔어요.

"멍멍이 선생님 질문 하나 있어요."

"진돌이 물어보세요."

"'고정문' 이라 표시한 옆에 '미세요' 라고 써 붙인 것은 어불성설(語不成說)입니다."

선생님께서 한참을 생각하더니

"말에 이치가 맞지 않는다고?"

"헤헤헤, 선생님 저는 왼손잡이거든요."

"하하하하, 왼손잡이니까 고정문을 밀어야 하는구만."

하하하하 멍멍이 교실이 웃음바다가 되었답니다.

유래

두 선비가 덕진공원 정자에 앉아 대화를 하게 되었다. 한 선비가 덕진 연못에 연꽃이 왜 잘 피냐고 물었더니 갯벌 때문이라 하니, 바닷가도 아닌데 무슨 갯벌? 이라고 물으니, 인간들이 방뇨하기 때문이란 어불성설(語不成說)을 했다는 이야기에서 유래되었다.

한자쓰기

語	不	成	說
14획	4획	6획	14획
語	不	成	說

77 조삼모사(朝三暮四)

朝	三	暮	四
아침 **조**	석 **삼**	저물 **모**	넉 **사**

눈 앞에 나타나는 차이만 알고 그 결과가 같음을 모름

옛날, 원숭이를 키우는 사람이 있었어요.

그런데 너무 많은 원숭이를 키워서 주인은 원숭이의 먹이를 어떻게 할까 고민을 했지요.

주인은 원숭이들에게 이야기했어요.

"너희들에게 주는 도토리를 이제부터는 아침에 세 개, 저녁에 네 개씩 줄텐데 어떻게 생각하니?"

"싫어요. 아침에 왜 세 개를 줘요? 네 개 주세요."

원숭이들은 모두 일어나서 화를 냈어요.

이 광경을 본 주인은 원숭이들에게 다시 말했어요.

"그렇다면 너희들이 원하는 대로 해 주지. 아침에 도토리 네 개, 저녁에 세 개로 하면 되겠지?"

그러자 원숭이들은 모두 기뻐했어요.

주인은 속으로 생각했지요.

'미련한 녀석들, 쯧쯧. 조삼모사(朝三暮四)구나. 아침에 세 개, 저녁에 네 개나 아침에 네 개, 저녁에 세 개나 하루에 일곱 개 먹는 것은 똑같은데……'

그렇지만 원숭이들은 아침의 먹이가 세 개에서 네 개로 늘었다는 데 만족했답니다.

유래

중국 송나라 저공이 원숭이를 사육할 때 도토리를 아침에 3개 주고, 저녁에 4개 주겠다고 하니 원숭이는 화를 냈다. 그런데 아침에 4개를 주고, 저녁에 3개를 주겠다고 하니 기뻐했다는 고사에서 유래되었다.

한자쓰기

朝	三	暮	四
12획	3획	15획	5획
朝	三	暮	四

78 죽마고우(竹馬故友)

竹	馬	故	友
대 죽	말 마	옛 고	벗 우

어릴 때 같이 놀던 친한 친구

설날 오후에 복남이가 아버지와 함께 고향 마을회관에 왔어요.

"안녕하셨어요?"

"오라, 막둥이아들 놈이구나."

"아저씨, 우리 아빠가 막둥이예요."

"그래, 네 아버지가 막낸게 막둥이라 불렀지."

"병채야, 네 아들 잘생겼다."

"고맙다."

"용달이 너를 보니 옛날 생각이 간절하구나."

"그려, 나도"

"닭서리하다 들켰던 일, 수박서리하던 일들이 생각나는구나."

"참 재미도 있었지."

아빠와 용달이 아저씨의 죽마고우(竹馬故友) 이야기를 듣고 있던 복남이가 물었어요.

"아빠, 닭서리가 무엇인데 재밌어요?"

"닭서리는 남의 집 닭을 훔쳐다 잡아먹는 일이야. 지금은 큰 도둑으로 몰리지만 옛날에는 그런 것 쯤 봐주는 시골의 후한 인심으로 생각하면 된단다."

복남이는 아빠의 죽마고우(竹馬故友) 용달이 아저씨가 아빠처럼 인자하게 느껴졌답니다.

유래

추석절에는 고향을 떠났던 사람들이 제각기 고향을 찾아옵니다. 고향친구들 모두 꾀복쟁이 친구들입니다. 개울가에서 발가벗고 수영하며 하루를 보내고 밤이면 수박설이도 했던 어릴적 친구들을 죽마고우(竹馬故友)라 부른 것이 유래가 되었습니다.

한자쓰기

竹 6획	馬 10획	故 9획	友 4획
竹	馬	故	友

79 초지일관(初志一貫)

初	志	一	貫
처음 초	뜻 지	한 일	꿸 관

처음에 세운 뜻을 이루려고 끝까지 밀고 나감

옛날 옛날에 과거시험을 보러가는 가난한 선비가 있었어요.

가난한 선비는 옷도 허름하고 며칠을 굶어 배도 고팠어요.

과거 시험일이 며칠 안 남아서 급하게 가고 있었지요.

한 고개를 넘을 때 빨간 아기 도깨비가 나타났어요.

"아저씨, 이 멋진 비단을 드릴테니 하루만 여기서 저랑 놀아요."

"정말 멋진 비단이지만 난 과거를 보러 한양에 가야하기 때문에 놀아줄 수가 없구나."

선비는 미안해하며 길을 떠났어요.

두 고개를 넘자 노란 아기 도깨비가 나타났어요.

"아저씨, 이 맛있는 음식들을 드릴테니 하루만 여기서 저랑 놀아요."

선비의 배에서 "꼬르륵" 소리가 났어요.

"우와. 정말 맛있어 보이는 음식이구나. 하지만 난 과거를 보러 한양에 가야하기 때문에 놀아줄 수가 없구나."

세 고개를 넘자 이번엔 파란 아기 도깨비가 나타났어요.

"아저씨, 이 금은보화를 드릴테니 하루만 여기서 저랑 놀아요."

"금은보화가 갖고 싶지만 난 과거를 보러 한양에 가야하기 때문에 놀아줄 수가 없구나."

그때 빨간 아기 도깨비와 노란 아기 도깨비가 나타났어요.

"하하하, 우리 모두 졌네."

빨간 도깨비의 말에 선비는 어리둥절했어요.

"우리가 내기를 했거든요. 선비님을 못 가게 하는 사람이 이 비단과 음식, 금은보화를 다 갖기로요."

"선비님은 초지일관(初志一貫)이시네요."

"맞아요. 처음에 세운 뜻을 이루려고 끝까지 밀고 나가는 모습이 멋져요. 이 음식을 선비님께 드릴테니 꼭 합격하세요."

"고맙구나."

선비는 맛있는 음식을 받고 과거시험을 보러 길을 떠났답니다.

유래

논어(論語) 〈위령공편(衛靈公篇)〉과 〈이인편(里仁篇)〉에 보면 一以貫之라는 말이 있습니다. 위령공편에 보면 공자께서 제자에게 말씀하시기를, "사(賜)야, 너는 내가 많이 배워서 그것을 모두 기억하는 줄로 아느냐?"라고 하셨다. 그러자 자공이 그렇지 않느냐고 대답했다. 그랬더니 공자께서 말씀하시기를, "아니다. 나는 모든 것을 하나로 꿸 뿐이란다.(一以貫之)" 一以貫之와 관련이 가장 깊은 말이 바로 初志一貫인데, 현대에 와서는 여러 가지 뜻으로 쓰이게 되었다.

한자쓰기

初	志	一	貫
7획	7획	1획	12획
初	志	一	貫

80 일소일소(一笑一少)

一	笑	一	少
한 **일**	웃음 **소**	한 **일**	젊을 **소**

한 번 웃으면 한 번 젊어짐

해님이 방긋 웃는 아침이에요.

오늘도 어김없이 잠꾸러기 호연이는 자고 있었어요.

"아이고, 우리 강아지. 학교 갈 시간이에요."

할머니는 호연이를 깨우면서 말씀하셨어요.

"할머니, 조금만 더 잘게요."

"그러다 늦을 텐데……. 아이고, 우리 강아지, 할머니 없으면 누가 깨우누."

호연이는 깜짝 놀란 눈으로 할머니를 쳐다봤어요.

"할머니 어디 가세요?"

"지금은 아니지만 할머니가 늙었으니, 곧 하늘나라에 가겠지."

호연이는 할머니의 말에 슬퍼졌어요.

잠이 깬 호연이는 거실로 나왔어요.

신문을 보고 계시던 아빠가 말했어요.

"일소일소(一笑一少), 한 번 웃으면 한 번 젊어진다. 오래 살려면 많이 웃어야겠군. 허허허."

호연이는 아빠의 말을 듣고 빙그레 웃으며 할머니를 불렀어요.

"할머니! 저 보세요. 곰 세 마리가 한집에 있어, 아빠곰 엄마곰 애기곰"

호연이는 노래를 부르면서 신나게 춤을 췄어요.

"호호호, 우리 호연이! 정말 잘 하는구나. 호호호"

"할머니! 많이 웃으면 오래 산대요. 이제 제가 매일매일 웃겨드릴게요. 저랑 오래오래 함께 살아요."

"그러자꾸나. 우리 호연이가 최고다."

할머니는 호연이를 꼭 안아주셨답니다.

유래

우리나라 대명절 중의 하나인 "대보름의 유래" 글에 일소일소(一笑一少) 한 번 웃으면 젊어지고 한 번 성질부리면 늙어지니 찡그리고 화낼소냐 활짝 웃고 젊어지겠느냐는 노랫말에서 유래되었다.

한자쓰기

一	笑	一	少
1획	10획	1획	4획
一	笑	一	少

‖ 참고문헌 ‖

동아새국어사전 편집부(2005). 동아새국어사전. 서울 : 두산동아.

이가원 감수(2008). 한한(漢韓) 최신 실용옥편. 서울 : 이상사.

인정이(2008). 아동과 교사를 위한 동화표현놀이 활동의 이론과 실제. 경기 : 공동체.

______(2000). 동화를 활용한 교수방법이 아동의 창의적 신체표현에 미치는 영향. 원광대학교 교육대학원 석사학위논문.

정운길(1999). 국어대사전. 서울 : 민중서관.

______(2000). 논리한자사전. 서울 : 민중서관.

최태식 · 인정이 · 윤향미 · 박선영(2006). 아동을 위한 동화구연이론과 실제. 경기 : 양서원.

한국유아교육학회(1999). 유아교육사전(용어편). 서울 : 한국사전연구사.

황현택 동화집(2008). 청대골 아이들. 서울 : 아동문예.

저자소개

인정이

원광대학교 교육대학원 유아교육학 전공(교육학 석사)
원광대학교 일반대학원 유아교육학 전공(교육학 박사)
전북대학교 평생교육원 동화구연지도사 전담교수
서해대학교 유아교육과 출강
현 오렌지동화나라 유치원장
　원광보건대학교 유아교육과 겸임교수

〈저서 및 녹음〉

동화구연 이론과 실제(공저, 양서원, 2006)
동화표현놀이 활동의 이론과 실제(공동체, 2008)
인성교육을 위한 사자성어 표현동화(공동체, 2009)
표현활동을 위한 동화랑 동극이랑(전북동화구연가협회, 2009)
유아를 위한 전통문화교육활동 동화녹음(교육부, 1999)
아동과 교사를 위한 동화음률신체표현 · 동화구연 · 동극 · 인형극 CD(한겨레 미디어, 2008)
0~10세까지 듣는 EQ동화 CD(한겨레 미디어, 2009)
감각을 통한 즐거운 손유희(비전원격 평생교육원, 2012)
우리가 함께하는 인성이야기(공저, 공동체, 2015)

황현택

전주교육대학교 교육학과 졸업
한국방송통신대학교 초등교육과 졸업
원광대학교 교육대학원 교육방법 전공(교육학 석사)
군산신흥초등학교 교장(2007, 정년퇴임)
한국문인협회군산지부장
법무부 범죄예방협의회 군산지구 위원
한국아동문학회 이사
전북아동문학회 부회장
평생교육진흥연구회 군산교육원장
전북동화구연가협회 고문
동화 '바다소녀의 꿈'으로 월간아동문학신인상 수상
시 '사모곡' 외 4편으로 표현문학상 수상
전북예술공로상(전북도지사, 2008)
한국아동문학회 공로상(한국아동문학회, 2008)
모범공무원 국무총리상(1991)
교육연구 교육부장관상 2회(1983, 1988)
전라북도 제7회 교육대상(전북도민일보 · 가천문화재단 · 도교육청 공동, 2003)
국민훈장 석조장(대통령, 2007)

〈저서〉

글모음집 '사모곡'(전북정판, 2001)
시집 '청산에 뜨는 그리움 또 그리움'(신아 출판사, 2004)
시집 '뜸봉샘'(신아 출판사, 2006)
수필집 '교학무변의 길'(신아 출판사, 2006)
동화집 '청대골아이들'(아동문예, 2008)
인성교육자료, '동화 사자성어'(인문사, 2009)
인성교육을 위한 사자성어 표현동화(공동체, 2009)

인성교육을 위한 **사자성어 표현동화**

| 공저자 | 인정이 · 황현택

| 1판 1쇄 | 발행 2009년 5월 27일
| 1판 2쇄 | 발행 2009년 8월 22일
| 1판 3쇄 | 발행 2010년 1월 7일
| 1판 4쇄 | 발행 2010년 3월 30일
| 1판 5쇄 | 발행 2011년 4월 10일
| 1판 6쇄 | 발행 2013년 11월 5일
| 1판 7쇄 | 발행 2016년 8월 5일
| 1판 8쇄 | 발행 2021년 3월 25일
| 1판 9쇄 | 발행 2024년 10월 25일

| 발행인 | 김동훈
| 발행처 | **공동체**

| 주소 | 경기도 고양시 일산동구 호수로 358-39 동문타워 I 905호(백석동)
| 전화 | 031)814-3000(대표)
| 팩스 | 031)814-3100
| 전자우편 | compub@naver.com
| 홈페이지 | www.compub.co.kr
| 출판등록 | 2005년 10월 6일
| 등록번호 | 제396-2005-36호

| 공급 및 개별구입문의 |
사단법인 한국검정교과서(www.ktbook.com)
전화문의 : 02)3663-5409~12

| ISBN | 978-89-6352-023-0
정가 9,800원